O Leitor Segundo G. H.

Estudos Literários 19

Emília Amaral

O Leitor Segundo G. H.

Uma Análise do Romance *A Paixão Segundo G. H.* de Clarice Lispector

Ateliê Editorial

Copyright © 2005 Emília Amaral

Direitos reservados e protegidos pela Lei 9.610
de 19 de fevereiro de 1998.

É proibida a reprodução total ou parcial
sem autorização, por escrito, da editora.

Dados Internacionais de Catalogação na Publicação (CIP)
(Câmara Brasileira do Livro, SP, Brasil)

Amaral, Emília
   O leitor segundo G. H.: uma análise do romance
A paixão segundo G. H. de Clarice Lispector /
Emília Amaral. – Cotia, SP: Ateliê Editorial,
2005.

   Bibliografia.
   ISBN 85-7480-257-3

   1. Lispector, Clarice, 1925-1977. A paixão
segundo G. H. – Crítica e interpretação I. Título.
II. Título: Uma análise do romance A paixão
segundo G. H. de Clarice Lispector.

05-4309   CDD-869.9309

Índices para catálogo sistemático:
1. Romances: Literatura brasileira: História
   e crítica   869.9309

Direitos reservados à
ATELIÊ EDITORIAL
Estrada da Aldeia de Carapicuíba, 897
06709-300 – Granja Viana – Cotia – SP
Telefax: (11) 4612-9666
www.atelie.com.br / atelie_editorial@uol.com.br
2005

Printed in Brazil
Foi feito depósito legal

Foi o Gilberto Martins que me ajudou a tornar este trabalho possível. Por isso, e porque virou irmão, eu o dedico a ele e ao Joaquim Brasil, além dos outros cinco (dentre aqueles outros, que sabem que também o são): o Alfredo, o Homero Filho, o Walter, a Dinda (que deveria se chamar Helena) e o Lincoln.

Sumário

PREFÁCIO – A PROVÁVEIS LEITORES – *Gilberto Martins*   11

NOTA INTRODUTÓRIA   13

1. ESTORNINHOS OU GROUS?   15

   Os Estorninhos e os Grous   15
   O Pacto com o Leitor e o Misticismo da Escrita em *PSGH*   20
   Imagens de Alteridade em *PSGH*   30
   Uma Forma que é Feita de suas Formas Opostas   34

2. MONÓLOGO OU DIÁLOGO?   47

   Entre o Monólogo e o Diálogo   47
   A (Re)Invenção da Escritura   69
   Dar a Mão a Alguém Foi Sempre o que Esperei da Alegria   73
   A Explicação de um Enigma é a Repetição do Enigma   81

3. A FORTUNA CRÍTICA DE *A PAIXÃO SEGUNDO G. H.*   89

   Os (Des)Caminhos da Crítica Literária em Torno de
   A Paixão Segundo G. H.   89

BIBLIOGRAFIA   177

PREFÁCIO

A Prováveis Leitores

Este livro pede, menos que um prefácio, um breve depoimento de quem acompanhou, de perto, sua fatura, seu processo de produção. Como *experiência* – no sentido forte do termo –, o trabalho representou para a autora – até então professora e autora de livros didáticos – superação, passagem, mudança, recuperação e, não há dúvida, um sensível avanço intelectual, resultante de um legítimo exercício de linguagem.

De início, o romance *A Paixão Segundo G. H.*, de Clarice Lispector, parecia forçar Emília Amaral, graças a um indisfarçável vínculo de identificação, a tecer um ensaio marcado ele mesmo pela poeticidade, pela demultiplicação de metáforas e símiles, pelos belos efeitos de estilo. Se, assim, os ganhos estéticos para o leitor eram evidentes, por outro lado, o objeto parecia afastar-se a cada nova investida do olhar crítico, negando-se continuamente à apreensão, e a metalinguagem produzida erigia-se, escultural, como discurso apenas paralelo, belo mas distanciado, inspirado porém pouco elucidativo. Primeiros resultados: fusionamento e indistinção de limites; excesso de esforço e obnubilação renitente; paralisia e desistência.

Posteriormente, reconhecendo e elegendo como foco o que na escritura de Lispector sabe a enigma e desprendendo-se do que nela radicalmente se impõe como mistério, a ensaísta – apoiada em teóricos de áreas diversas – passa a rastrear pistas no próprio romance, respondendo a seu apelo de decifração, mobilizando verdadeiras *chaves de leitura* inscritas nas linhas do texto, nas tantas repetições e remissões, em seus paradoxos e aporias, nas referências intra e intertextuais. O ganho é evidente e, agora, vem a público em sua versão final.

O mais importante é que – às vezes sem se dar conta disso –, ao buscar compreender, descrever e explicar, com seriedade e acuidade científica indiscutíveis, um certo *perfil de leitor* e, sobretudo, os rituais de leitura impostos pela narradora G. H. e por seu relato turbilhonante, Emília transforma a si mesma e a seu esforço crítico em exemplo de seu próprio tema, como sujeito e objeto de sua procura. Sim, porque "leitora de alma já formada" (ao menos em um dos tantos sentidos que a expressão ganha no universo ficcional de Lispector), a ensaísta se vê não poucas vezes encontrando o oposto do que inicialmente supusera; *despersonaliza* e lapida sua linguagem e seu estilo em favor da objetividade e da neutralidade acadêmicas; revê e retoma continuamente seus percursos, em avanços e recuos, ganhando sempre na releitura e na reescritura; escreve sobre si mesma como se escrevesse sobre o outro, reconstruindo-se na busca pela forma que expresse e que, no entanto, por isso mesmo, fracasse.

Portanto, este *O Leitor Segundo G. H.* ajuda não só a ler a prosa de Lispector, mas também a compreender o exercício autêntico da crítica. O livro de Emília Amaral instiga-nos porque realiza a leitura vertical de um romance essencial à cultura brasileira, porque discute o próprio ato de ler e, finalmente, porque desnuda as estratégias de uma leitora atenta, lendo-se enquanto lê. Agora a experiência prolifera e o que ela escreve continua.

Gilberto Martins

Nota Introdutória

Este trabalho constitui uma tentativa de contribuir com a leitura de *A Paixão Segundo G. H.*, de Clarice Lispector, explorando o tipo de recepção e também o tipo de receptor que a obra elege e constrói[1]. Ele se estrutura em três capítulos. No primeiro, "Estorninhos ou Grous?", proponho uma abordagem do romance, privilegiando quatro aspectos vistos como portas de entrada, como preparação de terreno para uma análise centrada no tipo de processo de leitura que ele me parece demandar.

"Os Estorninhos e os Grous" trata de "imagens" de leitor e de leitura com as quais o texto opera, enquanto "O Pacto com o Leitor e o Misticismo da Escrita em *PSGH*"[2] enfoca o tipo de escrita que caracteriza o romance e o tipo de relação que essa escrita estabelece com o leitor.

"Imagens de Alteridade em *PSGH*" procura verificar a forma como, no texto, o outro sempre aparece como condição indefectível de reconhecimento do mesmo. "Uma Forma que é Feita de suas Formas Opostas" ocupa-se de certos movimentos do enredo e da protagonista, que também é a narradora, a fim de relacioná-

---

1. Este ensaio reproduz, com algumas modificações, a tese de Doutorado apresentada à Universidade Estadual de Campinas, em fevereiro de 2001, sob a orientação do Professor Doutor Joaquim Brasil Fontes.
2. Ao longo do trabalho, usarei a forma abreviada – *PSGH* – para me referir à obra em questão.

los aos aspectos anteriormente referidos: o jogo eu (G. H.) *versus* outro (barata), que se reduplica no jogo escritor *versus* leitor.

O capítulo dois "Monólogo ou Diálogo?" também compreende quatro partes. Em "Entre o Monólogo e o Diálogo" enfoco como *PSGH* oscila entre a estrutura monologal e o diálogo, ao mesmo tempo fazendo emergir e ocultando, solicitando e recusando, a "imagem" de leitor que constrói e que explicita por meio da figura do interlocutor de G. H. Além disso, enfatizo a configuração dialógica do texto, procurando reconhecer alguns dos tipos de discurso que nele se articulam: o retórico, o bíblico, o mítico, o psicanalítico, o filosófico, o poético e o dramático.

Em "A (Re)Invenção da Escritura", discuto o romance do ponto de vista de seu tom de escritura inaugural, de obra que necessita forjar os próprios conceitos para engendrar-se. Em "Dar a Mão a Alguém Foi Sempre o que Esperei da Alegria" privilegio o momento do surgimento, no texto, do interlocutor de G. H., a fim de aprofundar a investigação do tema do leitor.

"A Explicação de um Enigma é a Repetição do Enigma" reúne e relaciona elementos levantados ao longo de todo o trabalho, à luz da análise do capítulo inicial de *PSGH*.

O capítulo final, "A Fortuna Crítica de *PSGH*", é dedicado especificamente à recepção crítica da obra. Nele resenho alguns textos fundamentais sobre a produção da escritora, privilegiando uma diversidade de leituras referentes ao romance que revelam o "choque" que ele, desde sua publicação, sistematicamente tem provocado nos discursos que se propõem a definir-lhe os elementos estruturadores.

É curioso notar que a questão do interlocutor de G. H., ao qual corresponde a imagem de leitor a quem a obra se dirige, não constitui alvo de muitas pesquisas. Ao contrário, trata-se de um tema raramente investigado, e mais raramente ainda de maneira detalhada. Por esta razão, o estudo da fortuna crítica do romance, embora tenha sido realizado antes de minha leitura, compõe o desfecho do trabalho, numa tentativa de contribuir com os interessados em rastrear alguns dos textos analíticos produzidos a respeito de *PSGH*, que já podemos considerar clássicos.

1

Estorninhos ou Grous?

OS ESTORNINHOS E OS GROUS

O labirinto convida à exegese, e o entrelaçamento de encruzilhadas e de corredores ramificados atrai irresistivelmente o intérprete a mil e um percursos. A fascinação exercida por um simbolismo considerado universal não é sem dúvida estranha à sua natureza gráfica de traçado aporético e de caminho mais longo encerrado no espaço mais curto. [...] Em suma, um itinerário cujo único objetivo seria provar os constrangimentos de um discurso indígena, e conduzir em direção a seus procedimentos, que poderiam ser igualmente os nossos, quando o trabalho da evocação, atraído pelo desvio do labirinto, assemelha-se ao interior de uma mesma cultura de formas e de objetos tão disparatados como uma concha, um monstro, uma fileira de dançarinos, um grou e uma escada em espiral[1].

Seis travessões deflagram e suspendem um fluxo de linguagem formado de trinta e três fragmentos; a última frase de cada um deles sistematicamente inicia o posterior, mantendo o que parece aludir à "continuação de uma ininterrupção"[2], a qual, no entanto, se mantém fragmentária[3].

1. Detienne, 1991: 13.
2. Edição crítica de *PSGH* – Nunes, 1996: 17.
3. Um dos elementos centrais da estruturação essencialmente dialética do romance pode ser sintetizado por meio da expressão "uma forma que é feita de

Assim, *PSGH*, de Clarice Lispector, é jorro ininterrupto e turbilhonante de linguagem, constituindo-se fundamentalmente por meio de duas figuras: um "eu" que se identifica com as iniciais G. H. e como pertencente ao sexo feminino; e um "tu" que esta personagem-narradora institui como interlocutor, inventando-o e reinventando-o ao longo do relato.

Este eu dirige-se ao tu como quem dele necessita para a revelação de algo que transcende qualquer nome e que, no entanto, procurará dizer-se em todo o livro.

Mas de que algo se trata? Como é possível relatá-lo? A própria escritura erige-se como busca de respostas, que parecem emergir, mas que simultaneamente se mantêm submersas na tessitura aparentemente impenetrável do texto.

Entre a necessidade e a impossibilidade de nomear e relatar uma experiência cujo caráter místico e mítico têm sido bastante explorados pela crítica, Clarice Lispector cria, na procura de G. H., um texto cuja textura envolve profunda e inevitável solidão.

Como abordar este texto é uma das grandes perplexidades que me movem a estudá-lo, pois "provar" os seus movimentos (no sentido que a palavra adquire em *PSGH*: experimentá-los, ser experimentado por eles) pressupõe viver um tipo perigoso de deriva/ dilema: "o dilema insolúvel de sucumbir a um encantamento e ao mesmo tempo denunciá-lo"[4].

Estudando os *Cantos de Maldoror*, de Lautrèamont, Joaquim Brasil Fontes detém-se num aspecto fundamental/fundador da escritura da modernidade, que me parece propício como porta de entrada para o texto de Clarice: a relação inquietante entre escritor e leitor.

Nos *Cantos*, os grous e os estorninhos evocam "imagens" de leitor. Na primeira estrofe do Canto V, Lautrèamont/Maldoror com-

suas formas opostas" (edição crítica de *PSGH* – Nunes, 1996: 21). Esta expressão, que utilizarei ao longo do trabalho como chave de leitura, no presente contexto refere-se ao fato de se tratar de um todo feito de cisões e fraturas, de uma unidade tecida de fragmentos.
4. Pasta Jr., 1999: 62.

ESTORNINHOS OU GROUS?

para o leitor aos estorninhos, dizendo-lhe: "Tu, da mesma forma (que os estorninhos, cujo vôo obstinado em círculos concêntricos descreve)[5], não presta atenção na estranha maneira com a qual canto cada uma de minhas estrofes"[6].

Antes disso, porém, já na abertura do livro, adverte-o perversamente:

> Não convém que qualquer um leia as páginas que seguem; só alguns conseguirão saborear este fruto amargo, sem maiores riscos. Por isso, alma tímida. [...] dirige teus calcanhares para trás e não para a frente, assim como os olhos do filho se desviam respeitosamente da contemplação augusta do rosto materno; ou, melhor ainda, como o ângulo a perder de vista dos grous friorentos a meditarem profundamente e que, durante o inverno, voam poderosos através do silêncio, rumo a um ponto determinado do horizonte, do qual, repentinamente, parte um vento estranho e forte, precursor da tempestade[7].

Ao analisar a interpenetração das imagens dos estorninhos e dos grous nos *Cantos de Maldoror*, Fontes nos adverte:

5. "É à voz do instinto que os estorninhos obedecem e o instinto os leva a se aproximarem sempre do centro do pelotão, enquanto a rapidez do vôo os leva incessantemente mais além; de tal forma que esta multidão de pássaros, reunidos por uma tendência comum, na direção do mesmo ponto imantado, indo e vindo sem cessar, circulam e cruzam-se em todas as direções, formando uma espécie de turbilhão extremamente agitado, cuja massa total, sem chegar a seguir uma direção bem determinada, parece ter um movimento geral de evolução sobre si mesma, resultado dos movimentos particulares de circulação próprios a cada uma das partes, e no qual o centro, tendendo perpetuamente a desenvolver-se, ininterruptamente pressionado, empurrado, pelo esforço contrário das linhas circundantes que sobre ele pesam, é constantemente mais fechado do que qualquer uma dessas linhas, as quais são tanto mais numerosas quanto mais próximas do centro. Apesar dessa estranha maneira de turbilhonar, nem por isso os estorninhos deixam de fender, com rara velocidade, o ar ambiente, ganhando sensivelmente, a cada segundo, um terreno precioso para o termo da sua fadiga e o objetivo da sua peregrinação". Lautréamont, 1970: 175-176.
6. Lautréamont, 1970: 176.
7. *Idem*: 3-4.

Aquele que não tiver apreendido a lição de Maldoror permanecerá prisioneiro dos *Cantos*, girando eternamente nos círculos concêntricos das frases que atraem e repelem. Existirá para sempre à maneira de um bando de estorninhos – rodopiando num turbilhão imantado de signos incompreensíveis – porque não soube acompanhar o vôo retilíneo dos grous viajantes[8].

A imagem dos estorninhos refere-se à vertigem provocada pelos "ritmos encantadores", pelas "cadências hipnóticas", pelo "jorro de linguagem [que] constitui um cosmo turbilhonante".

Paradoxalmente, esse turbilhão é atravessado por um movimento retilíneo, vetorizado, que parece ser – e isso a partir da primeira estrofe do canto I, sob a forma da metáfora do vôo dos grous – o traçado de uma narrativa, o eco antecipado de um percurso "romanesco" que não consegue, entretanto, ser enunciado de modo coerente ou segundo normas retóricas rígidas[9].

Assim,

a comparação que explicita os perigos da leitura [...] desdobra-se numa pequena narrativa, em que as personagens – os grous, voando de modo a formar um triângulo do qual se vê apenas um dos lados – [...] parecem figurar uma narrativa cujo objeto seria a própria narrativa e os perigos que envolvem sua enunciação e que, logo iniciada, nega a si mesma e se desfaz, através de todo um sistema de bloqueios. Apesar da infinidade de "histórias" que, a partir do Canto I, giram caoticamente em torno do Recitante, a "Gesta de Maldoror" nos reconduz inevitavelmente ao gesto da escritura, à palavra poética, ao desejo do livro que vai ser escrito[10].

Como nos movimentos desconcertantes dos *Cantos*, *PSGH*, desde a cena de abertura, desencadeia uma escritura vertiginosa diante da qual nos identificamos com o bando de estorninhos.

Num vôo cego, hipnótico, sentimo-nos girar, acompanhando o misto de busca e recusa, fascinados pela torrente verbal que atrai

8. Fontes, 1991: 242.
9. Fontes, 1983: 102.
10. *Idem*: 103.

e afasta, magnetizados pelo impudor de uma linguagem que parece instaurar uma estranha e inclassificável liturgia da palavra[11].

Quando reflete sobre o próprio processo de leitura dos *Cantos de Maldoror*, Fontes refere-se à dança dos grous como alegoria do mito da pesquisa: os movimentos entrelaçados dos meninos e moças de Atenas, cuja realização, inventada por Teseu (o herói que enfrentou o Labirinto), ensina "que é possível transpor o intransponível e fixar direções – provisórias – na amplidão sem marcas aparentes"[12].

Vista como "solução da aporia do Labirinto, mas vivida em forma de jogo", a dança dos grous o leva à seguinte conclusão:

> Se o Labirinto é construção humana – recorte e desenho –, a dança do grou realiza um artifício em segundo grau quando projeta a figura do vôo dos pássaros sobre a concha dedálica, efetuando a leitura de um signo através do outro e projetando os dois sobre os passos falsamente errantes dos bailarinos[13].

11. Como veremos detalhadamente no capítulo três deste trabalho, Affonso Romano de Sant'anna refere-se a este aspecto da linguagem de *PSGH*: "A linguagem de conteúdo religioso e místico mantém uma estrutura hierática. Hierática significando o sagrado, o elevado, mas sobretudo em sua conotação com aquilo que de hierático tem o hieroglifo". Edição crítica de *PSGH* – Nunes, 1996: 254.
12. Fontes, 1991: 124.
13. "Depois de abandonar Ariadne, Teseu partiu para Delos, onde [...] inventou, com os meninos e moças de Atenas (salvos por ele), uma dança, conservada pela tradição délica: os movimentos e os traços entrelaçados que a compunham imitavam as idas e vindas no interior do labirinto. Essa dança [...] era chamada, na ilha, de 'dança do grou', talvez porque os bailarinos seguissem o condutor do grupo no ritmo das voltas que se fazem e se desfazem, à maneira de um fio numa espiral ou dentro de um caracol: a solução da 'aporia do labirinto', mas vivida sob a forma de jogo. (Os grous, pássaros vigilantes, atravessam os céus num vôo retilíneo, conduzidos pelo mais velho do grupo e orientando-se, na amplidão de um espaço sem fronteiras, através de um expediente curioso: levam nas garras uma pedra que deixam cair periodicamente para indicar se estão sob terra ou sob mar. Esse mito diz respeito ao percurso labiríntico, ensinando que é possível transpor o intransponível e fixar direções – provisórias – na amplidão sem marcas aparentes.)" Fontes, 1991: 124.

"Tentando fixar direções – provisórias – na amplidão sem marcas aparentes", neste trabalho proponho-me a uma tentativa de estudar uma das imagens que me parecem constitutivas de *PSGH*: a imagem do leitor, encenado por meio da figura do tu a quem G. H. se dirige, numa atormentada busca de cumplicidade na qual julgo residir um dos enigmas/mistérios responsáveis pelo fascínio do romance.

Analisar alguns dos procedimentos pelos quais a presença do leitor pode ser vista como elemento estrutural de *PSGH* talvez contribua com uma possibilidade de ler a obra encarando-a como uma espécie de romance de formação, centrado não na aprendizagem do protagonista, mas, por meio dela, na travessia do próprio leitor, e, conseqüentemente, do próprio fazer-se da leitura, que o ato da escritura deflagra.

O PACTO COM O LEITOR E O MISTICISMO DA ESCRITA EM *PSGH*

Tudo soçobra, então, para Orfeu, na certeza do fracasso, onde, em compensação, só permanece a incerteza da obra, pois a obra alguma vez o será? Diante da obra-prima mais segura, onde brilham o fulgor e a decisão do começo, acontece-nos também estar diante do que se extingue, obra de súbito tornada invisível, que não está mais aí onde estava, jamais aí esteve. Esse súbito eclipse é a longínqua lembrança do olhar de Orfeu, é o regresso nostálgico à incerteza da origem[14].

Na edição crítica de *PSGH*, que reúne alguns dos principais textos teóricos a respeito do romance, há uma Introdução, escrita por Benedito Nunes – coordenador da referida edição – da qual destaco dois trechos, a fim de iniciar estas reflexões:

Dir-se-ia que a narrativa, com o que tem de numinoso, traz a fluxo, exacerbada a introspecção, tudo o que escrever implica de ameaçador e

14. Blanchot, 1987: 175.

de metamórfico. Antes de ser mística, a visão de G. H. pertence ao misticismo da escrita[15].

O sinal inequívoco do ponto de viragem para esses textos[16] é o gesto patético de G. H., que segura a mão de uma segunda pessoa enquanto está narrando, sem o que ela não poderia continuar o seu "dificultoso relato": "Enquanto escrever e falar vou ter que fingir que alguém está segurando a minha mão". Sendo um expediente ficcional, que amplia a dramaticidade da narrativa e autentica o paroxismo da personagem, este gesto dialogal dirigido a um tu localizado na fímbria da narrativa, irrompe no solilóquio, *como proposta de um novo pacto com o leitor, considerado suporte ativo da elaboração ficcional – partícipe ou colaborador – que deverá continuá-la*[17].

Para iniciar a discussão deste novo pacto com o leitor existente em *PSGH*, pode-se ler a nota introdutória do livro, sugestivamente dirigida:

A Possíveis Leitores

Este livro é como um livro qualquer. Mas eu ficaria contente se fosse lido apenas por pessoas de alma já formada. Aquelas que sabem que a aproximação do que quer que seja, se faz gradualmente e penosamente – atravessando inclusive o oposto daquilo de que se vai aproximar. Aquelas pessoas que, só elas, entenderão bem devagar que este livro nada tira de ninguém. A mim, por exemplo, o personagem G. H. foi dando pouco a pouco uma alegria difícil; mas chama-se alegria.

C. L.[18]

Aqui Clarice Lispector utiliza-se de sua voz autoral para advertir os possíveis leitores de que "este livro é como um livro qualquer. Mas...", ou seja, este livro parece ser, mas na verdade não é um livro qualquer, o que remete a uma de suas características mais

---

15. Edição crítica de *PSGH* – Nunes, 1996: XXVIII.
16. O crítico refere-se aos textos posteriores a *PSGH* – *Água Viva* (1973); *A Hora da Estrela* (1977) e *Um Sopro de Vida* (1978), em que Clarice Lispector "infringirá o molde histórico da criação romanesca e as convenções identificadoras da ficção". Edição crítica de *PSGH* – Nunes, 1996: XXVIII.
17. Edição crítica de *PSGH* – Nunes, 1996: XXVIII – XXIX. Os grifos são meus.
18. *Idem*: 5.

marcantes, estudada por Affonso Romano de Sant'Anna, o fato de se tratar de um texto com fortes componentes hieráticos, hieroglíficos, numinosos no dizer de Nunes e, conseqüentemente, de engendrar-se por meio de uma linguagem que se constitui não como objeto dos conteúdos que expressa, mas como "linguagem-sujeito, divinizada pelo ritual que desenvolve"[19].

Em consonância com estas observações, o livro parece ser, mas não é para um leitor qualquer. Ao contrário, destina-se "apenas a pessoas de alma já formada". E a autora explicita de que tipo de pessoas se trata:

> Aquelas que sabem que a aproximação, do que quer que seja, se faz gradualmente e penosamente – atravessando inclusive o oposto daquilo de que se vai aproximar.
> Aquelas pessoas que, só elas, entenderão bem devagar que este livro nada tira de ninguém.

Na primeira afirmação, encontramos uma importante pista de leitura do texto: para conseguir realizá-la, o leitor precisa estar preparado para o fato de que ela vai ser lenta e difícil, penosa. Neste sentido, "pessoas de alma já formada" pode referir-se a leitores de alma madura, capazes de superar as dificuldades provocadas por um texto no mínimo pouco acessível aos não iniciados, o que implica, para a autora, mais sentimento que inteligência, como nos mostra um trecho da entrevista que deu à TV, um ano antes de sua morte. Perguntada sobre qual de seus trabalhos atinge mais o público jovem, ela respondeu:

> Depende, depende inteiramente. Por exemplo, o meu livro *A Paixão Segundo G. H.*, um professor do Pedro II veio lá em casa e disse que leu quatro vezes o livro e não sabe do que se trata. No dia seguinte uma jo-

---

19. Referindo-se especificamente à nota introdutória que estamos analisando, o crítico afirma que ela talvez devesse ser lida "como texto hierático e hieroglífico", hieroglífico com o significado de "escrita sagrada dos sacerdotes, em oposição à escrita demótica, mais popular e profana". Edição crítica de *PSGH* – Nunes, 1996: 254.

vem de dezessete anos, universitária, disse que este livro é o livro de cabeceira dela[20].

Julio Lerner, o entrevistador, insistiu na questão, querendo saber se este tipo de coisa acontecia com outros trabalhos da escritora. Ela confirmou:

> Também em relação a outros de meus trabalhos, ou toca ou não toca... Suponho que não entender não é uma questão de inteligência e sim de sentir, de entrar em contato. Tanto que o professor de português e literatura, que deveria ser o mais apto a me entender, não me entendia... E a moça de dezessete anos lia e relia o livro. Parece que eu ganho na releitura, não é? O que é um alívio[21].

A constatação de Clarice de que "ganha na releitura" só vem a confirmar que faz parte dos fatores de legibilidade de seu texto a sua aparente "ilegibilidade": trata-se de um texto-enigma, um texto-labirinto, um texto-limite, cujo pórtico de acesso parece postular a categoria da "resistência do discurso à decifração apressada". Conforme Fontes, esta categoria constitui um "protocolo de leitura, já utilizado desde a Antiguidade"[22].

Se na nota introdutória de *PSGH* defrontamo-nos com um convite paradoxalmente tecido pela restrição, trata-se de um tipo de restrição que, em vez de afastar, alicia, envolve, fascina, o que, além de sugerir a possibilidade de interpretá-la como pacto de leitura, permite que seja indicadora de um percurso, uma travessia, um esboço de método de decifração.

Para Ângela Fronchowiak,

essa nota aos leitores, tímida e ingenuamente colocada ao início da narração, na verdade se apresenta como estratégia de instauração de um pacto implícito de leitura. É a confirmação da expectativa de um leitor

---

20. "A Última Entrevista de Clarice Lispector", *Shalom*, 27(296):62-69, 1992 (São Paulo).
21. *Idem, ibidem.*
22. Fontes, 1983: 40.

ideal. Para os leitores reais, ao menos alguns deles, tal assertiva funciona como provocação para que enfrentem a leitura e se transformem em leitores ideais. Há um princípio condicionante: o leitor imagina que tem a alma já formada, seja lá o que isso signifique, porque a posse dessa qualidade lhe dá uma distinção. Ele não deseja ser qualquer leitor, quer ser o leitor ideal, apreciado, e para que tal fato se concretize precisará obter prazer com uma alegria difícil (ou uma leitura difícil). Ter a alma já formada passa a ser um anseio para o leitor, que se esforça para adquirir esse *status* e isso equivale a se empenhar para ler o livro e aceitar os valores intrínsecos do mesmo"[23].

Se por um lado a nota introdutória de PSGH de fato pode ser lida como "estratégia de instauração de um pacto de leitura", por outro, no entanto, este pacto não me parece implícito, mas, ao contrário, está explicitado no texto, num tom em que o que parece timidez, ingenuidade, talvez seja o início do esboço de uma "receita narrativa" que pode ser sintetizada na fórmula que se explicitará depois, no próprio romance: "uma forma que é feita de suas formas opostas".

Nela, o convite se converte em exclusão – "Mas eu ficaria contente se fosse lido apenas por pessoas de alma já formada" –, o caminho a ser percorrido explicita-se como travessia de opostos – "a aproximação do que quer que seja, se faz [...] atravessando inclusive o oposto daquilo de que se vai aproximar" –, a sensação de perda – "este livro nada tira de ninguém" – se transforma em ganho – "a alegria difícil" –, o qual, por sua vez, se concretizará com lentidão rítmica, hipnótica, ritualística – "A mim, por exemplo, o personagem G. H. foi dando pouco a pouco uma alegria difícil; mas chama-se alegria".

As "chaves de leitura", "senhas de entrada" no universo encantado-encantatório de PSGH, se de um lado acionam a "vontade de potência" do leitor, de outro parecem instalar em seu pórtico uma indisfarçável máscara gorgônica[24]. Tal expressão, utilizada

23. Zilberman, 1998: 71.
24. Pasta Jr., 1999: 65.

por José Antônio Pasta Júnior em seu trabalho sobre *Grande Sertão: Veredas*, refere-se a um texto que, como o de Rosa, é de análise difícil, "ao menos em solo pátrio", na medida em que

tudo se passa como se, por sua constituição mesma e pelo pacto que firma com seu leitor, esse livro transcendesse a categoria estético-literária do enigma, que no entanto também é a sua, para tender àquela, mágico-religiosa, do mistério. Como se sabe, enigmas pedem decifração; mistérios admitem unicamente culto e celebração. O *Grande Sertão: Veredas* parece pedir ambas as coisas e, de modo mais ou menos sutil, não é raro ver-se, diante dele, o ofício do crítico converter-se na celebração do oficiante – os elementos de objetivação e de distância, próprios do discurso crítico, desdobrando-se em um rito de comunhão com a obra, no qual os limites entre o sujeito e o objeto, o mesmo e o outro, tornam-se ao mesmo tempo fluidos e indecidíveis. Por isso, pode-se também dizer que, no seu caso, o "contrato de leitura" – que preserva a distinção das partes em jogo mesmo no mais aceso dos processos identificatórios – duplica-se no caráter fusional do pacto – que por definição supõe um comprometimento importante dos limites subjetivos[25].

Ambiguamente localizado *entre* o contrato e o pacto, o processo de leitura de *PSGH* tem de ser "devagar", "gradual", "penoso", ensina-nos a nota que, sem deixar de ser dedicatória, é também e sobretudo um modo sedutor mas implacável de advertência, reiterado pela epígrafe do romance: "Uma vida completa talvez seja a que termine em tal plena identificação com o não eu que não resta nenhum eu para morrer"[26].

Entrar em contato com o texto de Clarice, ser tocado por ele exigiria, de acordo com tais palavras (penso na reunião nota e epígrafe), "leitores de alma já formada", ou seja, preparados para a travessia em direção à *desorganização*, à *desorientação*, à *dissolução*, à *morte*, que não deixa de ser, por isso mesmo, (re)vificadora. Que

---

25. Pasta Jr., 1999: 61-62. Neste estudo e também em sua Tese de Doutorado sobre *O Ateneu*, de Raul Pompéia (Pasta Jr., 1991), o autor tece reflexões iluminadoras não apenas a respeito das obras em que se detém, mas inserindo-as no contexto mais amplo da literatura e da cultura brasileiras.
26. Edição crítica de *PSGH* – Nunes, 1996: 46.

tipo de leitor seria capaz de pagar o "preço do ingresso", ou seja, que tipo de leitor bancaria esta trajetória, desde o início marcada pelos sinais de uma linguagem rítmica, enigmática, ritualística?

Para pensar esta questão no contexto "pedagógico", isto é, de formação do leitor, que *PSGH* insinua desde o seu pórtico, entendido como instância que dialeticamente confere legibilidade ao texto, poderíamos atribuir sentido inverso à expressão "pessoas de alma já formada", com a qual Lispector se dirige aos leitores que já têm o livro nas mãos.

Tais pessoas também podem ser aquelas cujo nome, como o de G. H., a protagonista que também é a narradora, confunde-se com as iniciais. Ou seja, podem ser aquelas que, como G. H., "vivem num suave tom de pré-clímax, não conhecem a violência, nasceram sem missão, não suportariam não se encontrar no catálogo"[27].

Neste caso, o leitor desejado por Clarice estaria exposto, ao ser arrastado pelas páginas sideradoras da obra, a um *páthos semelhante* ao de G. H., que se perdeu para reencontrar-se, que passou pela "fina morte de manusear o proibido tecido da vida"[28], numa experiência que implica, para acontecer, perda de identidade. Ou, nas palavras de Nunes, que cita Barthes, quando este se refere à possibilidade de uma história patética do próprio romance, reunindo as "cristas emotivas" das histórias de diferentes obras, independentemente do todo de que fazem parte, como "momentos de verdade" da literatura:

> Esses "momentos de verdade", pontos "de mais valia" da anedota ou fábula, implicam o reconhecimento da paixão como força de leitura. Ousaria acrescentar a essa provocante reflexão do grande crítico-escritor que a paixão pode ser igualmente força de escrita. E não há melhor exemplo disso do que *A Paixão Segundo G. H.*, texto singular e incomparável, que constitui um capítulo inédito na história patética do romance. Passional e apaixonante, esse texto da nossa autora mergulha em veios

---

27. Edição crítica de *PSGH* – Nunes, 1996: 19-20.
28. *Idem, ibidem.*

arqueológicos, em camadas afetivas culturalmente soterradas da sensibilidade humana[29].

Esse leitor *como* G. H. e/ou *segundo* G. H., isto é, movido pela "paixão como força de leitura", que revive a "paixão como força de escrita", também poderia se perguntar, entre uma e outra página:

> Mas por que exatamente em mim fora repentinamente se refazer o primeiro silêncio? Como se uma mulher tranqüila tivesse simplesmente sido chamada e tranqüilamente largasse o bordado na cadeira, se erguesse, e sem uma palavra – abandonando sua vida, renegando bordado, amor e *alma já feita* – sem uma palavra essa mulher se pusesse calmamente de quatro, começasse a engatinhar e a se arrastar com olhos brilhantes e tranqüilos: é que a vida anterior a reclamara e ela fora[30].

Nos dois casos, ou seja, nas caracterizações opostas de leitor, o que temos é no fundo o mesmo: Clarice parece procurar na imagem do leitor para o qual escreve uma alteridade em que se possa refletir, que de algum modo seja capaz de espelhá-la, o que podemos confirmar num trecho de uma das crônicas que escreveu ao Jornal do Brasil, referindo-se ao assunto:

> O personagem leitor é um personagem curioso, estranho. Ao mesmo tempo que inteiramente individual e com reações próprias, é tão terrivelmente ligado ao escritor que na verdade ele, o leitor, é o escritor[31].

Esta inversão de papéis remete a um dos aspectos mais importantes do universo artístico clariceano, que pode ser entendido a partir da reversibilidade radical de quaisquer elementos nele existentes[32]. Tais elementos sistematicamente transformam-se no contrário do que são, a caminho de sua verdadeira identidade,

---

29. Nunes, 1987: 269.
30. Edição crítica de *PSGH* – Nunes, 1996: 79.
31. *A Descoberta do Mundo* – Lispector, 1999: 79.
32. A respeito deste tema em Clarice Lispector, ver Pontieri (1999).

no entanto sempre inatingível. A escritora parece insistir em que o eu (tanto quanto seus fatores de identidade – sensações, sentimentos, idéias, reflexões, vontade, consciência de si etc. –), na medida em que necessita converter-se em alteridade para melhor se perceber e expressar, não existe em si mesmo.

De novo, a expressão "uma forma que é feita de suas formas opostas" ilustra o procedimento de inversão e de negação dos valores instituídos que ocorre em todo o livro, dando-lhe um sabor de cosmogonia fundada entre o enigma (no sentido daquilo que pertence ao domínio da racionalidade) e o mistério (no sentido daquilo que pertence ao domínio do metafísico), o que remete a outra de suas chaves interpretativas: "a explicação de um enigma é a repetição do enigma"[33].

Se o enigma por um lado jamais será revelado em sua inteiridade, na medida em que transcende o humano, e conseqüentemente a linguagem, transformando-se em mistério, por outro pode ser aludido, sugerido, evocado, num ritual mítico em que a escritura revive o seu momento gerador, pois "a profundidade não se entrega frontalmente, só se revela dissimulando-se na obra"[34].

Para realizar este tipo de escritura cuja apropriação do hierático e do hieroglífico são patentes, e cujo movimento principal é a descida ao Inferno, a catábase, o escritor aproxima-se de uma linhagem, a de Orfeu – "o homem que violou a proibição e ousou olhar o invisível"[35]. Após desobedecer à lei ousando lançar-se à experiência de conhecer o Inferno, ele converte tal experiência em obra, ou seja, por meio do "salto da inspiração", dá-lhe uma forma que não pode deixar de ser oracular, uma expressão que não pode deixar de ser visionária:

> Se o mundo julga Orfeu, a obra não o julga, não elucida as suas faltas. A obra nada diz. E tudo se passa como se, ao desobedecer à lei, ao

---

33. Edição crítica de *PSGH* – Nunes, 1996: 86.
34. Blanchot, 1987: 172.
35. Chevalier & Gheerbrant (1988: 663).

olhar Eurídice, Orfeu não tivesse feito mais do que obedecer à exigência profunda da obra, como se, por esse movimento inspirado, tivesse realmente roubado ao Inferno a sombra obscura, a tivesse, sem o saber, trazido para a luz clara da obra.

Olhar Eurídice [...], na impaciência e na imprudência do desejo que esquece a lei, é isso mesmo a inspiração. A inspiração transformaria, pois, a beleza da noite na irrealidade do vazio, faria de Eurídice uma sombra e de Orfeu o infinitamente morto? A inspiração seria, pois, esse momento problemático em que a essência da noite converte-se no não essencial, e a intimidade acolhedora da primeira noite na armadilha enganadora da *outra* noite? Não pode ser de outro modo. Da inspiração, só pressentimos o fracasso, apenas reconhecemos a violência extraviada. Mas se a inspiração diz o fracasso de Orfeu, e Eurídice, duas vezes perdida, diz a insignificância e o vazio da noite, em face desse fracasso e dessa insignificância, força Orfeu a voltar-se por um movimento irresistível, como se renunciar à derrota fosse muito mais grave do que renunciar ao êxito, como se aquilo a que chamamos o insignificante, o não-essencial, o erro, pudesse, àquele que lhe aceita o risco e se entrega sem reservas, revelar-se como a fonte de toda a autenticidade[36].

Nesta escritura órfica, que encontra no erro um de seus "métodos fatais de trabalho"[37], que se esforça para atingir o fracasso "Só quando falha a construção é que obtenho o que ela não conseguiu"[38] –, assim como o eu que a produz esforça-se para se deseroizar – "A gradual deseroização de si mesmo é o verdadeiro trabalho que se labora sob o aparente trabalho, a vida é uma missão secreta"[39] –, aquele que narra transforma-se em mediador, em *médium*, e simultaneamente parece exigir do leitor um pacto de leitura fundado na mesma atitude de desapossamento do eu, de entrega ao movimento gerador da "fala essencial".

Desta forma podemos entender por que o leitor de Clarice, ao mesmo tempo em que se mantém "inteiramente individual e com reações próprias", para ela está ligado ao escritor a ponto de trans-

---

36. Blanchot, 1987: 173-174.
37. Edição crítica *PSGH* – Nunes, 1996: 73.
38. *Idem*: 113.
39. *Idem*: 41.

formar-se nele, o que envolve um processo de identificação que exclui uma das partes, como aconteceu com G. H. em relação ao inseto.

Trata-se, portanto, de uma indistinção entre o mesmo e o outro que supõe um nível de participação fusional, que compromete os limites subjetivos e que, neste sentido, justifica o advérbio "terrivelmente", referido pela escritora[40].

IMAGENS DE ALTERIDADE EM *PSGH*

As cerimônias mascaradas são cosmogonias representadas que regeneram o tempo e o espaço: elas tentam, por esse meio, subtrair o homem e todos os valores dos quais ele é depositário da degradação que atinge todas as coisas no tempo histórico. Mas são também verdadeiros espetáculos catárticos, no curso dos quais o homem toma consciência de seu lugar dentro do universo, vê a sua vida e a sua morte inscritas em um drama coletivo, que lhes dá sentido[41].

Para narrar "o regresso nostálgico à incerteza da origem", para rememorá-la, regressando ao canto como origem, à origem do canto, o escritor não pode prescindir da proteção de uma máscara, pois:

Todas as transformações têm algo de profundamente misterioso e de vergonhoso ao mesmo tempo, posto que o equívoco e o ambíguo se produzem no momento em que algo se modifica o bastante para ser já "outra coisa", mas ainda continua sendo o que era. Por isso, as metamorfoses têm de ocultar-se; daí a máscara. A ocultação tende à transfiguração, a facilitar a passagem do que se é ao que se quer ser; este é o seu caráter

---

40. "Vistas as coisas pelo ângulo dos gêneros e das formas literárias, pode-se dizer que, quem quiser de fato ler o *Grande Sertão* (e, acrescento, também *PSGH*) guardando fidelidade à demanda do livro, terá de lê-lo *ao mesmo tempo* com o isolamento e a distância que supõe o romance moderno e com o fusionamento e a participação que, no limite, só conhecem o mito e o rito". Pasta Jr., 1999: 62.
41. Chevalier & Gheerbrant (1988: 596-597).

mágico, tão presente na máscara teatral grega como na máscara religiosa africana ou oceânica. [...] À parte deste significado, o mais essencial, a máscara constitui uma imagem. E tem outro sentido simbólico que deriva diretamente do que é figurado de tal modo. A máscara chega, em sua redução a um rosto, a expressar o solar e o energético do processo vital[42].

Em *PSGH* a realidade do Ser é recoberta pela imagem, pelo invólucro, pela máscara que, como uma moldura, a protege do estado indiferenciado da matéria viva.

Neste sentido, a obra põe em cena um jogo de máscaras/mascaramentos que dialeticamente (re)vela a realidade. Assim, a G. H. que havia antes da experiência com a barata identifica-se ao leitor (a imagem do outro que constrói para dizer-se) em seu não-ser, em sua vida-simulacro, por meio de imagens, como, por exemplo, a imagem de suas iniciais gravadas no couro das malas de viagem, enquanto outra imagem, de significado oposto a essa, revela a existência latente, na G. H. mutilada, da G. H. que vai se desvelar como partícipe da realidade primária e, portanto, essencial do Ser: o olhar "neutro, inexpressivo e insosso" de suas fotografias de praia.

Isto significa que G. H. se conhece e se dá a conhecer por meio de imagens, sendo que o fascínio deflagrado pelo olhar é o elemento que desencadeia seu percurso de rememoração a um tempo ancestral em que ver e ver-se se interpenetram, a imagem do outro funcionando como condição da percepção da própria identidade.

O conhecimento de si não pode ser direto, parece dizer-nos cada linha do romance. O homem é, por natureza, "uma forma feita de suas formas opostas", já que "o Mesmo só se concebe e só pode definir-se em relação ao Outro, à multiplicidade de outros. Se o Mesmo permanece voltado sobre si mesmo, não há pensamento possível. E acrescente-se: não há tampouco civilização"[43].

No seu "de-dentro", abstraindo todo o processo civilizatório, fundamentado na autoconservação[44] (da seguinte forma sintetiza-

---

42. Cirlot, 1984: 374-375.
43. Vernant, 1991: 34.
44. Sobre o conceito de autoconservação, ver Adorno & Horkheimer (1985).

da em *PSGH*: confundir o que se vê com o que se sente e assim obstruir a visão, perder-se de si, alienar-se), o homem é feito da mesma matéria viva primária que existe no *de dentro* da barata (a "geléia viva"[45] primordial, indelimitada).

No seu "de fora", em oposição, existe o corpo, o invólucro, a moldura: o processo civilizatório, a cultura, e, conseqüentemente, a alienação. "Para escapar do neutro, eu há muito havia abandonado o ser pela *persona*, pela máscara humana"[46].

Nesse contexto, tornar-se humano é necessariamente se mascarar, se artificializar, se reificar e em conseqüência não poder se olhar, sob pena de ser fulminado, como nos ensina o simbolismo de Medusa[47].

Neste ser pelo avesso – "Detalhadamente não sendo, eu me provava que – que eu era"[48] –, G. H. paradoxalmente vê em estado latente a realidade mais profunda do Ser, aquela que ultrapassa

---

45. "A Geléia Viva" é o título de um texto de Lispector, originalmente publicado no mesmo ano de publicação de *PSGH*, no volume *Fundo de Gaveta*. Com outro título, mais explicativo ("A Geléia Viva como Placenta") e algumas modificações, reaparece em *A Descoberta do Mundo*, de 1984. Nele encontramos a mesma temática desenvolvida em *PSGH*: o encontro com a vida primária, indiferenciada, imortal e caótica, a que a escritora (em *PSGH* escultora) obsessivamente procura dar uma forma, que a resgate de seu "endurecimento" artificial e assassino, feito pelo processo civilizatório. Remeto o leitor a um estudo interessante sobre este texto, no contexto da problemática do jogo identidade/alteridade na obra de Lispector, realizado por Kahn (2000).
46. Edição crítica de *PSGH* – Nunes, 1996: 60.
47. Estudando este simbolismo, Jean-Pierre Vernant mostra que a cabeça górgonica de Medusa pode ser considerada a visão da morte do nosso "de dentro", ou seja, a imagem de um eu petrificado, já que "a face de Gorgó é o Outro, nosso duplo, o Estranho, em reciprocidade com nosso rosto como uma imagem no espelho [...], mas uma imagem que seria ao mesmo tempo menos e mais que nós mesmos, simples reflexo e realidade do além, uma imagem que se apoderaria de nós, pois em vez de nos devolver apenas a aparência de nosso próprio rosto, de refratar nosso olhar, representaria, em sua careta, o horror terrificante de uma alteridade radical, com a qual por nossa vez nos identificamos, transformando-nos em pedra". Vernant, 1991: 105.
48. Edição crítica de *PSGH* – Nunes, 1996: 22.

o humano, e que constitui a revelação maior da obra. Como já foi dito, tal realidade adquire visibilidade, por meio de uma imagem: no olhar dos retratos de praia e de viagem G. H. vê o Mistério, o abismo, o silêncio neutro e inexpressivo do mundo inumano: "Olhava de relance o rosto fotografado e, por um segundo, naquele rosto inexpressivo o mundo me olhava de volta também inexpressivo"[49].

Na imagem da fotografia, então, há uma forma que carrega o seu oposto, o seu avesso, ou seja, a imagem, que é o outro, revela o mesmo, na medida em que o torna objetivo, fazendo que o momento de ver seja simultaneamente o de ser visto. Essa reciprocidade eu-mundo – que subverte e mesmo apaga a relação sujeito-objeto e, com ela, o sustentáculo maior que rege o processo civilizatório: o pressuposto racionalista da superioridade do homem em relação aos outros seres e conseqüentemente sua posição de sujeito potente perante o universo natural – constitui um dos elementos essenciais para a compreensão da travessia de G. H. e do texto clariceano em geral.

Nele há um obscurecimento dos limites que contornam, separam e diferenciam os seres, do qual resulta uma zona de indiferenciação entre o mesmo e o outro. Assim, pela ausência de certezas egológicas apaziguadoras, pelo sentimento de carência de completude, pela consciência da impossibilidade ontológica de desvendar o próprio eu sem ser fulminado, a escritora articula seus temas maiores, sempre recorrentes: a busca da verdade, do sentido, da identidade do Ser.

Esses temas, por sua vez, só podem ser expressos, corporificados, instaurados pela linguagem e pela forma; neste sentido, elementos de alteridade com os quais G. H. tenta, fatalmente e de modo indireto, ao mesmo tempo ver e ver-se, já que uma coisa não existe sem a outra.

Então, em *PSGH*, a escultora obcecada pela forma é uma imagem, uma máscara de alteridade da escritora, cujo destino, como

---

49. *Idem*: 18.

o de G. H., é inventar uma forma que "contorne o caos"⁵⁰, que dê construção à "substância amorfa"⁵¹, e que, assim, torne visível o invisível, ou seja, crie imagens ficcionais que lhe (nos) permitam experienciar a realidade mais profunda do Ser.

Se a máscara de Lispector em *PSGH* é uma escultora cujo nome se reduz às iniciais G. H., por meio dela a escritora esculpe uma travessia singular, cujos momentos mais importantes é preciso verificar.

UMA FORMA QUE É FEITA DE SUAS FORMAS OPOSTAS

Toda a parte mais inatingível de minha alma e que não me pertence – é aquela que toca na minha fronteira com o que já não é eu, e à qual me dou. Toda a minha ânsia tem sido essa proximidade inultrapassável e excessivamente próxima. Sou mais aquilo que em mim não é.

Eu, corpo neutro de barata, eu com uma vida que finalmente não me escapa pois enfim a vejo fora de mim⁵².

O elemento fundamental que deflagra a experiência introspectiva em *PSGH* é o olhar fascinado, a focalização de algo exterior ao sujeito, que tem o poder de espelhá-lo, de fazê-lo ver e simultaneamente ver-se como imagem, o que configura um procedimento estético ligado ao primado da percepção, em que os atos de ver/viver ultrapassam o de entender/compreender, optando pela "inutilidade" da visão, em detrimento do "utilitarismo" das racionalizações⁵³.

Esse meio de fascinação, onde o que se vê empolga a vista e torna-a interminável, onde o olhar se condensa em luz, onde a luz é o fulgor

50. *Idem*: 11.
51. *Idem*: 11.
52. *Idem*: 79-80; 43.
53. Uma abordagem da obra de Lispector que aprofunda a relação dos textos da escritora com um procedimento estético baseado no primado da percepção pode ser encontrada em Pontieri (1999).

absoluto de um olho que não vê mas não cessa, porém, de ver, porquanto é o nosso próprio olhar no espelho, esse meio é, por excelência, atraente, fascinante: luz que é também o abismo, uma luz onde a pessoa afunda, assustadora e atraente[54].

Há na obra um jogo de projeções que ocorrem por meio deste contato à distância que se converte em (re)encontro, (re)descoberta – (re)conhecimento do outro e (re)conhecimento do mesmo via identificação com o outro – sendo esse por excelência o processo de percepção que desencadeia seu movimento mais importante: a partir e por meio do "de fora" (a imagem) chegar ao *de dentro* (a matéria viva) e conseguir tocá-lo.

Para tematizar o mundo inexpressivo e neutro da matéria viva em *PSGH*, Clarice Lispector criou uma escultora inicialmente alienada, reificada, que, ao longo da obra, vivencia uma experiência intransitiva, irracional, dominadora, uma experiência que a fará "por um átimo" sair do enrijecimento de uma exterioridade vazia e chegar ao "informe" da vida em estado bruto. Ou seja, sua travessia corresponde a um movimento contrário ao da petrificação em que se encontrava, por meio do confronto com uma barata, que, nesse contexto, significa o mito de medusa às avessas, pois lhe permite a recuperação não apenas de si própria, mas "de um mundo todo vivo, que tem a força de um inferno"[55].

Este processo implica necessariamente perda de identidade, indefinição/indiferenciação de limites. Neste sentido, a travessia de G. H. pode ser considerada um percurso extremamente solitário, pois o que ela vivenciou a ultrapassa como ser humano. Entretanto, o mergulho introspectivo de G. H. só poderia ser integrado a sua existência se o seu *pathos* fosse convertido em pensamento e, conseqüentemente, em linguagem.

Assim, a experiência de G. H., de intransitiva, informe e desagregadora de valores e atributos humanos, em suma, de experiên-

---

54. Blanchot, 1987: 23-24.
55. Edição crítica de *PSGH* – Nunes, 1996: 16.

cia em que o eu se apaga, converte-se em busca de transitividade, de forma e de agregação.

Desde o título, que aproxima o romance do contexto bíblico, já se anuncia o processo do desdobramento do mesmo em outro e simultaneamente a tematização do sagrado.

Como nos Evangelhos do Novo Testamento, estamos diante do drama da paixão. Mas esse *pathos* não se refere diretamente ao filho de Deus do cristianismo. Quem o viveu é o mesmo sujeito que o relata: uma mulher cujo nome se confunde com suas iniciais e que, à primeira vista, não parece possuir a exemplaridade dos evangelistas, os seres escolhidos para revelar o divino, na medida em que se trata de um eu mutilado, de uma personificação do ser humano reificado. No entanto, é essa mulher quem substitui não apenas os evangelistas, mas a própria figura de Jesus Cristo, ocupando o espaço do sujeito que se deixou atravessar pelo sagrado, que provou o conhecimento da divindade e que se reconheceu como fruto/parte dela.

Se "a aparição de Deus neste mundo realizou e certificou a conciliação do espírito consigo mesmo, a história absoluta, o advento da verdade, o conteúdo desta conciliação consiste simplesmente na união da verdade absoluta e da subjetividade individual humana: todo homem é Deus e Deus é um homem individual"[56]. A realização dessa união, na consciência religiosa dos românticos, dá-se por meio de Jesus Cristo: um homem que

se despoja da sua individualidade espiritual e carnal, isto é, que sofre e morre, mas que o faz ultrapassando os sofrimentos e a morte e ressuscitando como Deus aureolado de glória, como espírito real que, se ainda tem enquanto sujeito determinado uma existência individual, na realidade e essencialmente é, no seio da comunidade a que pertence, corpo e espírito[57].

Assim, podemos pensar que a exemplaridade de G. H. dá-se pelo avesso, ou seja, ela pode ocupar o espaço de Cristo, e, como

56. Hegel, 1996: 587.
57. *Idem*: 588.

ele, sofrer e morrer, ultrapassando os sofrimentos e a morte, assim como pode revelar a "história absoluta", o "advento da verdade", exatamente por ser um contorno humano vazio, no qual cabem todos os outros, ou, como todos os outros, uma moldura à espera de substância.

Esta substância, em termos cristãos, corresponde ao espírito divino, o qual, encarnado no corpo de Cristo, exemplifica a união do absoluto e da subjetividade individual humana, constituindo uma verdade transcendente. Já em *PSGH*, essa substância, simbolizada pela massa branca da barata ingerida por G. H. em comunhão sacrílega, constitui a vida neutra, inexpressiva e insossa com a qual a personagem-narradora ritualisticamente se funde.

Ao fazê-lo, ela vivencia a tentativa dramática de, pela devoração canibal, apossar-se de seus atributos, igualmente exemplificando a união do absoluto e da subjetividade individual humana, mas em sentido que se opõe ao cristão, já que o reino em que penetra possui características infernais para o humano, na medida em que desconstrói todos os alicerces em que se funda o processo civilizatório, invertendo-lhes os significados habituais: "o divino, para mim, é o real"[58].

Desde o processo enunciador de *PSGH*, que manipula uma série de paradigmas centralizados nas idéias de organização/desorganização, revela-se a existência de um jogo no qual elementos contrários articulam-se dialeticamente, destituindo as polarizações fundadoras do processo civilizatório do mundo cristão ocidental e assim elucidando uma das chaves interpretativas da obra: "uma forma feita de suas formas opostas".

Deste modo, o movimento da personagem G. H. é atravessar o caminho oposto ao do "pólo humano cristão": ela volta ao início do mundo, onde adquire reciprocidade com todos os outros seres vivos. Tal travessia se efetua pela única via possível de acesso ao eu, no texto clariceano: a identificação com o outro. Não o(s) que a espelharia(m) superficialmente, os seus pares. Para que o outro

---

58. Edição crítica de *PSGH* – Nunes, 1996: 108.

funcione como meio real de desvendamento do mesmo, ele precisa ser o seu oposto: a sombra, o estranho, o excluído, a alteridade propriamente.

Assim, G. H. entra no (i)mundo se isentando de seu mundo, por meio de imagens de alteridade que funcionam como o contrário de sua auto-imagem, como se vê desde a descrição do apartamento, localizado na cobertura de um edifício de 13 andares, onde vive: "como eu, o apartamento tem penumbras e luzes úmidas, nada aqui é brusco; um aposento precede e promete o outro. Tudo aqui é a réplica elegante, irônica e espirituosa de uma vida que nunca existiu em parte alguma: minha casa é uma criação apenas artística"[59].

Em oposição a ele, o quarto da empregada, que se transforma no cenário da visão, "tinha uma ordem calma e vazia, parecia estar em nível incomparavelmente acima do próprio apartamento", "não era um quadrilátero regular: dois de seus ângulos eram ligeiramente mais abertos"[60]. Ou seja, de um lado há simetria, organização, arte, em sentido claramente irônico, que lembra enfeite, adorno, superficialidade. Do outro lado, por sua vez, há o avesso disso tudo: desorganização, assimetria, irregularidade.

A viagem introspectiva de G. H. se anuncia já no movimento de deslocar-se em direção a este espaço marginal, onde não entrava há seis meses. Após demitir aquela que fora sua última ocupante, a empregada Janair, ela resolve limpá-lo, como parte de um projeto maior: o de arrumar toda a casa e deste modo arrumar-se, dando-se um grande prazer. Assim, a idéia de limpeza de G. H. abrange do quarto de Janair – o lado do apartamento oposto ao que ocupa – ao *living*: "Da cauda do apartamento iria aos poucos 'subindo' horizontalmente até o seu lado oposto, que era o *living*, onde – como se eu própria fosse o ponto final da arrumação e da manhã – leria o jornal, deitada no sofá, e provavelmente adormecendo"[61].

---

59. Edição crítica de *PSGH* – Nunes, 1996: 60.
60. *Idem*: 26-27.
61. Edição crítica de *PSGH* – Nunes, 1996: 23-24.

No entanto, é exatamente ao contatar o espaço que lhe é oposto que ela se vê, o que sugere um desvendamento, um reconhecimento, da organização falsa e simulada do *living*. Assim, o ato de arrumar com o qual habitualmente a escultora substituía o de entender transforma-se em seu contrário: "o mau gosto da desordem de viver", tanto quanto o cenário onde se processa a visão converte-se no contrário do que era G. H.: "a violentação de minhas aspas, o retrato de um estômago vazio"[62].

Às 10 horas da manhã de um dia que se promete "pesado e bom e vazio"[63], G. H. começa a ter antevisões da visão: a visão para fora da cobertura, da qual se "domina uma cidade", converte-se em "visão de despenhadeiro", em "algo da natureza terrível geral"[64]; a visão do apartamento torna-se visão de "uma ruína egípicia"[65]. Ou seja, há uma travessia da (falsa) organização/dominação, à desorganização/submissão, sugerindo que a *verdade* reside naquilo que é irregular, disforme, assimétrico.

Já no quarto, o que captura G. H., em primeiro lugar, é a visão do inesperado: expoliado de sua função de depósito, ele se convertera num "aposento todo limpo e vibrante", num "minarete", num "deserto", em cuja parede há um enigmático desenho: "estava quase em tamanho natural o contorno *a* carvão de um homem nu, de uma mulher nua, e de um cão que era mais nu do que um cão"[66].

Este quarto-templo, caverna ancestral, abriga figuras que parecem incrustadas na parede pela rigidez das linhas; que, "petrificadas" e "soltas no espaço", assemelham-se a "aparições de múmias", de "zumbis", sem ligação uma com a outra; que dão a impressão de resultar de um "porejamento gradual do interior da parede".

62. *Idem*: 29.
63. *Idem*: 23.
64. *Idem*: 21.
65. *Idem*: 25.
66. *Idem*: 27.

A reação de G. H. diante do desenho hierático é reconhecê-lo como "mensagem bruta" deixada pela empregada, como uma escrita na qual G. H. se vê/se lê: "Olhei o mural onde eu devia estar sendo retratada... Eu, o Homem"[67].

Janair, de cujo rosto a escultora não se lembra, emerge, então, em sua memória, como "a primeira pessoa realmente exterior de cujo olhar ela toma consciência". Deste modo, em relação a G. H., ela representa ao mesmo tempo uma alteridade social e racial: trata-se do outro excluído:

escura e invisível, tem traços finos e delicados, traços de rainha.

Achatada como um baixo-relevo preso a uma tábua, quase reduzia-se à forma exterior. E fatalmente, assim como era, assim deveria ter me visto? Abstraindo daquele meu corpo desenhado na parede tudo o que não era essencial, e também de mim só vendo o contorno[68].

No quarto nu e esturricado, em cuja porta G. H. se sente fixada, localizada, há uma cama com colchão repleto de manchas antigas, três malas com suas iniciais quase desaparecendo e um guarda-roupa de uma só porta, que ela resolve abrir para jogar água e assim "pôr umidade no deserto"[69].

Ao fazê-lo, surge a barata: "gota de matéria imemorial"[70], ela intensifica em G. H. os sentimentos contraditórios e extremos que já haviam sido desencadeados pelas ousadias de proprietária de Janair.

G. H., assim como aos poucos se lembrara da empregada, lembra-se de sua infância pobre e cheia de insetos, o que lhe transforma a irritação em ódio, repulsa, desalento, medo e simultaneamente grande coragem: aquela responsável pela conversão da cólera em desejo de matar.

Assim, o processo de conversão de G. H. a uma nova percepção, a um reconhecer-se como nunca até então se ousara conhe-

67. *Idem*: 28.
68. *Idem, ibidem*.
69. *Idem*: 30.
70. *Idem*: 32.

cer, a uma indiferenciação entre o ato de ver e a coisa vista, dá-se por identificação com as figuras na parede e mais profundamente com a barata, que parece representar

> um limiar, uma transição, uma passagem estreita como a garganta da caverna, que liga o profano com o sagrado, o cotidiano com o sobrenatural, o presente com o passado e o futuro, a vida com a morte[71].

Este animal, cujas características identificam-se com as de Janair, pode ser interpretado como um duplo da "rainha africana", mas ao mesmo tempo significa um ser ancestral, mais radicalmente outro em relação a G. H., pois representa a alteridade em termos de espécie.

Por sua vez, o relato do confronto de G. H. com a barata envolve o leitor de tal modo que o conduz ao mesmo tipo de experiência, na medida em que, como um xamã, como Orfeu:

> Sua função é a de arrastar as pessoas para uma travessia, durante a qual elas se desprendem das referências do dia-a-dia, e assim, inseguras, assustadas, confusas, se entregam à sua orientação, vivendo um modo superior, mais elevado de experiência, para retornarem depois transformadas pela vertigem do sagrado, que lhes ficará impresso na memória pelo resto de suas vidas[72].

De modo semelhante ao do xamã que, ao longo de seu transe, se conecta com a divindade, procurando revelar-lhe os mistérios por meio de enigmas, G. H. procura traduzir em linguagem humana o intraduzível, vislumbrado na imagem da barata: "pequeno crocodilo lento", "cariátide viva"[73], ela é a "máscara" da presença do Deus, o "invólucro" que permite a manifestação do sagrado.

O processo que gera a revelação do sagrado na obra é o fascínio do olhar capturado pelo outro que ao mesmo tempo repugna

---

71. Sevcenko, 1988: 125.
72. *Idem, ibidem*.
73. Edição crítica de *PSGH* – Nunes, 1996: 51; 36.

e atrai, pois se trata do avesso, do oposto, do reflexo medusante de um eu cujo *pathos* é se deixar arrastar, incorporando os olhos pelos quais vê, é visto e, ao relatar/reviver o ritual, faz ver, ainda aqui em proximidade com a figura do xamã: "o detalhamento mais impressionante são os olhos. São órbitas imensas e arredondadas como as de uma coruja, deslocados numa posição estrábica e diretamente fincada no observador"[74].

Na medida em que a sedução acontece, o eu de G. H., reduplicado no eu do leitor, se desintegra, em direção oposta à petrificação: seu molde interno (corpo, forma, linguagem, sentimentos e atributos humanos) se arrebenta, simultaneamente arrebentando/violando todas as interdições: a Lei, os regulamentos, em suma, a civilização judaico-cristã ocidental.

Estudando as raízes xamânicas da narrativa, Nicolau Sevcenko conclui que "o princípio é exatamente o mesmo entre a arte xamânica e a arte de iniciação órfica"[75]. Ambos os princípios parecem ecoar na travessia vivida e relatada de G. H., pelo seu caráter de ritual que envolve retorno ao tempo das origens míticas, revelação do sagrado, descida ao inferno, busca de identidade por meio da alteridade mais radical.

Em *PSGH*, o inferno experimentado pela protagonista opõe-se ao cristão, pois nele as questões metafísicas se transferem para o real. Assim, "o mal reveste-se – aos poucos – [...] de carga positiva, reforçada pelo acúmulo semântico de vocábulos ligados à idéia de força, potência; Eros e Tanatos confundem-se, já que a ânsia de matar o Outro é, na verdade, pulsão de vida, desejo desperto de fazer viver o Eu, ritualisticamente. Antes de matar a barata, era preciso matar o falso-eu, o eu-casca"[76]:

> Sem nenhum pudor, comovida com a minha entrega ao que é o mal, sem nenhum pudor, comovida, grata, pela primeira vez eu estava sendo

74. Sevcenko, 1988: 125.
75. *Idem, ibidem.*
76. Martins, 1998: 15 (a).

a desconhecida que eu era [...]; [...] eu fizera de mim isto: eu matara. Eu matara! Mas por que aquele júbilo? Há quanto tempo então, estivera eu por matar? [...] o que matara eu?[77]

No mundo "extremamente recíproco"[78] de G. H., onde as baratas e as pessoas são invólucros da mesma força de vida aparentemente mansa mas que mata sem punição/remissão, bem e mal não passam de contingências a que nós, seres humanos, atribuímos sentido positivo e negativo, uma vez que "a moral é o freio que um homem, inserido em uma ordem conhecida, se impõe (o que ele conhece são as conseqüências de seus atos): o desconhecido arrebenta o freio, abandona as conseqüências funestas"[79].

Do mesmo modo, todos os outros pares de opostos com os quais G. H. vai designando sua travessia são reversíveis: o mal que a deflagra (o ódio, o desejo de matar) é um bem (pois lhe permite acontecer), o horror é glória etc.

Enfim, os paradoxos que atravessam o livro colocam em jogo uma auto-análise dialética, em que os sentidos se invertem para serem mais verdadeiramente o que são, para significarem mais verdadeiramente o que significam, pois representam a dualidade de pontos de vista que a travessia de G. H. implica: o sentido humano *versus* o não sentido de um mundo anterior, maior e melhor que o humano.

Desta forma, assim como a entrada de G. H. no reino da matéria viva foi deflagrada por uma desistência de lutar, por uma entrega ao que é maior do que ela (o sabor como forma de saber; a provação como modo de ter acesso ao mundo: prová-lo mas ao mesmo tempo ser provado por ele), a condição de sua volta à espécie humana é igualmente desistir: substituir o ato máximo pelo ato ínfimo, o heroísmo pela deseroização, o Deus transcendente

---

77. Edição crítica de *PSGH* – Nunes, 1996: 36.
78. *Idem*: 74.
79. Bataille, 1992: 145.

pelo Deus imanente, a pretensão pela humildade: "a realidade vista com um mínimo de bom senso"[80].

Nessa sua nova realidade, em que a redenção na própria coisa lhe prova a impossibilidade de ter o Deus em vez de querer vê-lo, de viver o enigma em vez de explicá-lo – "a explicação de um enigma é a repetição do enigma"[81] – convertendo-o, portanto, em mistério, de ser em vez de pensar e sentir, de ter atitudes em vez de idéias, resta-lhe apenas aceitar a *via crucis* da condição humana a que fatalmente pertence(mos) e usar a linguagem não como expressão, mas como modo fatal de alcançar o silêncio.

Ao comentar o mito de Édipo na tragédia de Sófocles, Vernant e Naquet tecem reflexões que me parecem bastante sugestivas para o contexto desta leitura de *PSGH*:

> Última reviravolta trágica: é sua reviravolta sobre a esfinge que faz de Édipo, não a resposta que ele soube adivinhar, mas a pergunta que lhe foi feita, não um homem como os outros, mas um ser de confusão e de caos, o único, dizem-nos, de todos aqueles que andam na terra, no ar e nas águas, a "mudar" sua natureza em vez de conservá-la bem distinta. Formulado pela esfinge, o enigma do homem comporta, portanto, uma solução que, no entanto, se volta contra o vencedor do monstro, o decifrador de enigmas, para fazê-lo aparecer como um monstro, um homem em forma de enigma, e de enigma, desta vez, sem resposta[82].

Se associarmos a esfinge devoradora com a barata, veremos que G. H., como Édipo, ao decifrá-la, isto é, devorá-la, também tentou mudar sua natureza, também transformou-se em enigma de si própria, e, assim, também experimentou ao mesmo tempo a possibilidade de ser um eu e a impossibilidade de compreender-se, de dizer-se. O monstro em que Édipo se converte ao derrotar o monstro constitui o resultado último da vivência de G. H. e constitui, igualmente, a razão de ela se entregar a um dizer-se mais que dificultoso, que no limite se traduz como um dizer impossível,

---

80. Edição crítica de *PSGH* – Nunes, 1996: 103.
81. *Idem*: 86.
82. Vernant & Naquet (1988: 135).

pois implica achar uma nova forma capaz de exprimir o informe, o ser nu das aspas que a reificavam/alienavam/abrigavam de uma realidade anterior e maior que a do homem. A qual, entretanto, não é "vivível" nem "dizível" pelo ser humano.

Assim, como Édipo, G. H. personifica a condição humana; como Édipo ela caminha numa travessia de opostos, na qual o excesso de luz – "a luz que os deuses projetaram sobre Édipo é luminosa demais para que um mortal pudesse fixá-la"[83] – converte-se em cegueira; o excesso de palavras – "a linguagem humana se inverte quando os deuses falam através dela"[84] – roça o silêncio; o excesso de busca de desvendamento do enigma converte-se na estrutura enigmática da obra, e também na sua segunda porta de entrada, chave de leitura, paradoxal fórmula de legibilidade: "a explicação de um enigma é a repetição do enigma", simultaneamente mau infinito – "porque remete ao escoar indefinido do que não sabe nem pode acabar"[85] e mal infinito – por se referir aos limites indefectíveis da condição humana, em sua ânsia de compreensão do mistério da existência.

Neste contexto de ação desmedida, que remete à *hybris*, e portanto à tragédia grega, a primeira porta de entrada, chave de leitura, paradoxal forma de legibilidade – "uma forma que é feita de suas formas opostas" –, a qual estamos vendo atravessar todo o livro, representando um elemento integrador de seus fragmentos, de suas construções sempre perturbadoras, sintetiza o sentido e a direção da travessia de G. H., tanto no ato de ver quanto no de relatá-lo.

Portanto, se enquanto personagem da visão, G. H. caminha rumo ao oposto de si mesma, na medida em que seu percurso parte do não-ser (o ser que é cópia, citação, paródia, simulacro) para dirigir-se ao reino por excelência do Ser, o qual arrebenta o seu gesso interno, transformando em carne a pedra em que se ha-

---

83. Vernant & Naquet (1988: 112).
84. *Idem, ibidem*.
85. Pasta Jr., 1999: 65.

via convertido, enquanto narradora, o percurso de G. H. é o mesmo, pois essa realidade indizível, que no entanto passional e apaixonadamente ela não abre mão de dizer, só pode ser expressa de modo negativo, ou seja, por meio daquilo que ela não é: os sentimentos, os atributos, os valores humanos e sobretudo a linguagem e a forma. Assim, o processo narrativo faz-se pelo avesso, configurando uma espécie de anti-romance, que, por sua vez, parece pedir um anti-leitor: como é constituído, ao longo da obra, o leitor segundo G. H.?

2
Monólogo ou Diálogo?

ENTRE O MONÓLOGO E O DIÁLOGO

> *O poeta tem por destino expor-se à força do indeterminado e à pura violência do ser a cujo respeito nada pode ser feito, sustentá-la corajosamente mas também freá-la impondo-lhe moderação, a realização de uma forma. Exigência repleta de riscos [...]. Mas tarefa que não consiste em entregar-se à indecisão mas em incutir-lhe decisão, exatidão, e forma, ou ainda [...] "em fazer coisas a partir da angústia", em elevar a incerteza da angústia à decisão de uma fala justa.*

BLANCHOT, 1987: 142

– – – – – – estou procurando, estou procurando. Estou tentando entender. Tentando dar a alguém o que vivi e não sei a quem, mas não quero ficar com o que vivi. Não sei o que fazer do que vivi, tenho medo dessa desorganização profunda. Não confio no que me aconteceu. Aconteceu-me alguma coisa que eu, pelo fato de não a saber como viver, vivi uma outra? A isso quereria chamar desorganização, e teria a segurança de me aventurar, porque saberia depois para onde voltar: para a organização anterior. A isso prefiro chamar desorganização pois não quero me confirmar no que vivi – na confirmação de mim eu perderia o mundo como eu o tinha, e sei que não tenho capacidade para outro[1].

Por meio de seis travessões, abre-se um espaço textual em que de imediato salta aos olhos a presença de um sujeito em situação de busca. Busca de sentido, e, pode-se acrescentar, de transitividade, na medida em que a voz narrativa associa entender o vivido com dá-lo a alguém, isto é, compartilhá-lo, incorporando na constituição do discurso a sua necessidade de interlocutor. Na verdade, essa busca – de sentido/de interlocução – mais que doação, configura-se como necessidade de "expulsão" de algo intolerável ("não quero ficar com o que vivi"), algo que desorganiza, causa medo, desconfiança ("Não sei o que fazer do que vivi, tenho medo dessa desorganização profunda. Não confio no que me aconteceu") e que, no entanto, ou por causa disso, precisa ser dito, ou seja, realizar-se enquanto forma.

Desta maneira, a figura do leitor/interlocutor, tanto quanto a expectativa de um projeto de elaboração ficcional, emerge no texto, simultaneamente à voz que o enuncia, a qual, de modo obsessivamente insistente – e veremos que também sistemático – convida/convoca a um tipo radical de parceria/participação.

Nesse sentido, desde o parágrafo inicial há um conjunto de elementos que presentificam e "esticam" o ato de dizer/escrever, procurando ao máximo aproximá-lo do ato de ouvir o dito/ler.

Vejamos como se organizam os verbos ao longo da passagem, a fim de verificar-lhe a estruturação discursiva. As locuções verbais, que exprimem atemporalidade, são marcadas pelo gerúndio (forma reveladora de que o fato está sendo gerado no momento da fala) – "estou procurando, estou procurando" – e pelo infinitivo (o qual exprime um fato sem demarcação de limites temporais) – "tentando entender, tentando dar a alguém" –, ou seja, apontam para o fazer-se da enunciação, no calor de seu processo de constituição,

---

1. Neste capítulo, será analisado o capítulo 1 do romance. Edição crítica de *PSGH* – Nunes, 1996: de 9-16.

ampliando-lhe as dimensões temporais. A elas se soma o presente do indicativo, que dá um tom de certeza, de convicção, a declarações reiteradamente negativas – "não quero, não sei, tenho medo."

Assim, o que aparece como certeza, como convicção, na verdade é recusa, dúvida, denegação, justificada por uma modalidade verbal que traz à tona a idéia de suposição, por meio do futuro do pretérito (que se refere a um fato futuro mas relacionado com outro, localizado num passado hipotético, que não se realizou ou cuja realização não há como confirmar) – "a isso quereria e teria...".

Este passado, cuja evocação revela-se necessária, mas problemática, é distanciado do momento de enunciá-lo pela recuperação do presente do indicativo e do infinitivo, que reeditam o predomínio da narração, em detrimento do narrado – "a isso prefiro chamar..., não quero me confirmar" –, o qual no entanto volta a aparecer, na mesma forma de suposição, de hipótese, e no mesmo processo de substituição pelo presente: "Na confirmação de mim eu perderia o mundo como eu o tinha, e sei que não tenho capacidade para outro." No parágrafo seguinte, o futuro do subjuntivo subordina hipoteticamente o tempo da escrita às mesmas proposições de caráter condicional – "Se eu me confirmar e me considerar verdadeira, estarei perdida porque não saberei..."

Do ponto de vista de sua estruturação verbal, isto é, no nível da ação, estes parágrafos de abertura de *PSGH* parecem apresentar duas características concomitantes, que se mantêm ao longo do capítulo. Uma delas pode ser explicitada como um jogo, um movimento pendular entre o passado (da experiência vivida), o presente (da tentativa de enunciá-la) e o futuro (da leitura), e a outra consiste no predomínio, articulado com este jogo, da enunciação apresentada como um processo em andamento; o processo constituidor do aqui-agora da escritura, a qual quer se fixar no narrado, ao mesmo tempo em quer se renovar/reviver no aqui-agora da leitura.

Tal configuração discursiva, cujo caráter de impossibilidade é patente, sugere algo importante a respeito da estruturação deste e de outros textos da escritora: a incorporação do fracasso como dimensão inquestionável da estética clariceana, com a qual o leitor se defronta desde o início do processo de leitura.

Além disso, o referido efeito de simultaneidade, em que o fazer-se da escritura almeja coincidir com o fazer-se da leitura, pretendendo indelimitar as fronteiras temporais necessariamente existentes entre ambos, na medida em que o tempo da enunciação se sobrepõe ao do enunciado – vai hipertrofiando o ato de dizer, vai convertendo-o em algo que se assemelha a uma irrupção demiúrgica da escrita.

Instaurada a partir de um passado que parece se configurar como irrepresentável, mas que paradoxalmente vai sendo apresentado por meio desta falha, desta fenda, deste limiar que o aproxima e o distancia da voz que o promete e simultaneamente o posterga, esta irrupção parece constituir a matriz de onde jorram as idas e vindas, os avanços e recuos, as indagações e oscilações que funcionam como um redemoinho, um labirinto que quer trazer à tona o outro projetado no discurso, a imagem de leitor a quem este se dirige, ao mesmo tempo em que quer afastá-lo, num movimento que desliza entre o monólogo e o diálogo, também em ritmo pendular, convertendo a leitura em ritual que revive miticamente o momento gerador da escritura.

O exame minucioso dos parágrafos do capítulo de abertura de *PSGH* torna-se imprescindível para a tentativa de apreender-lhe alguns componentes estruturais, priorizando a imagem de leitor nele presente.

Ainda no primeiro parágrafo, observa-se que uma primeira frase interrogativa aparece posteriormente às quatro declarações de sentido negativo, que configuram a situação de desamparo, de carência, de solidão do sujeito enunciador: "não quero, não sei, tenho medo, não confio". A frase reforça esta situação, na medida em que reitera a dúvida, a desconfiança em relação à natureza do vivido, além de fazê-lo num contexto de solicitação de cumplicidade: "Aconteceu-me alguma coisa que eu, pelo fato de não a saber como viver, vivi uma outra?"

Em seguida, o sujeito tenta nomear, ou supor, uma possibilidade de nomeação do acontecido, embora ao mesmo tempo assuma que o "faria" não por acreditar no nome que engendra, mas por necessidade de segurança:

> A isso quereria chamar desorganização, e teria a segurança de me aventurar, porque saberia depois para onde voltar: para a organização anterior. A isso prefiro chamar desorganização pois não quero me confirmar no que vivi – na confirmação de mim eu perderia o mundo como eu o tinha, e sei que não tenho capacidade para outro.

A palavra "desorganização" emerge, assim, como modo provisório de nomear, como modo negativo de ancoragem, já que se esteia em seu oposto: a "organização" anterior, o que faz surgirem duas "imagens" de G. H.: a de uma G. H. "organizada", anterior à experiência inominável, e a de uma G. H. "desorganizada", posterior a ela.

No segundo parágrafo – "Se eu me confirmar e me considerar verdadeira, estarei perdida porque não saberei onde engastar meu novo modo de ser – se eu for adiante nas minhas visões fragmentárias, o mundo inteiro terá que se transformar para eu caber nele" – esta segunda imagem adquire novos significados, sugeridos pelas expressões "novo modo de ser" e "visões fragmentárias", as quais implicam desencontro com o mundo, ou seja, solidão, desajuste, fragmentação. Talvez o vazio do entre-lugar (entre a "organização" e a "desorganização") de onde fala este sujeito cindido possa ser associado com a experiência psicanalítica da angústia: "uma experiência de desmoronamento radical das escoras subjetivas"[2]. Fundamento de indeterminação real, fundamento do vazio, "o nada angustia, e do nada a angústia retira a sua força"[3]. Mas "é precisamente este nada que uma análise pode transformar em exigência de trabalho e, em conseqüência disso, engendrar o novo"[4].

---

2. Vieira, 2001: 163.
3. *Idem, ibidem.*
4. *Idem, ibidem.*

Se a angústia retira sua força do nada e se, numa análise, o "nada" pode transformar-se em "exigência de trabalho" e "engendrar o novo", neste processo ficcional ocorre algo semelhante: aqui, diante de um fato que se assemelha ao nada, na medida em que não é dito, o sujeito, crivado de angústia, ou seja, movido pela força do nada, como quem tateia, como quem alude sem poder avançar, diz-se e diz a forma que está criando, ou seja, de acordo com Blanchot, tenta elevar "a incerteza da angústia à decisão de uma fala justa", no terceiro parágrafo do texto metaforizando a conseqüência do acontecimento, o que traz à tona uma idéia de perda:

Perdi alguma coisa que me era essencial, e que já não me é mais. Não me é necessária, assim como se eu tivesse perdido uma terceira perna que até então me impossibilitava de andar mas que fazia de mim um tripé estável. Essa terceira perna eu perdi. E voltei a ter o que nunca tive: apenas duas pernas. Sei que somente com duas pernas é que posso caminhar. Mas a ausência inútil da terceira me faz falta e me assusta, era ela que fazia de mim uma pessoa encontrável por mim mesma, e sem sequer precisar me procurar.

Por um lado, fica claro que se trata de uma perda necessária, pois a "terceira perna" impossibilitava a narradora de andar; entretanto, por outro lado, fazia dela um "tripé estável". Assim, o que parece perda na verdade se traduz como ganho, apesar de fazer falta, de assustar e de revelar mais um paradoxo: "voltei a ter o que nunca tive: apenas duas pernas". Este paradoxo, unido aos outros que se somam, instiga, provoca, aciona um desejo que já vai se configurando como de decifração, o que prenuncia/anuncia o surgimento do tema da rememoração, ao mesmo tempo em que perversamente alicia uma presença, que se insinua talvez como novo tripé: o leitor, a quem o sujeito se dirige, afastando-se para melhor se aproximar, prometendo e recusando, desestabilizando.

A fim de reiterar o sentido do adjetivo "inútil", que amplia a negatividade da palavra "ausência", e portanto ajuda a relativizar a idéia de perda, a narradora apresenta forte argumentação: na medida em que lhe permitia ser encontrável por si mesma sem precisar se procurar, a "terceira perna" era algo cômodo, mas alienador. A expressão, assim, metaforiza, reiterando-a, a constituição de um sujeito cindido: o seu entre-lugar parece ser um limiar entre o novo – as duas pernas que configuram o humano, mas que ao mesmo tempo o colocam em situação de fenda, de cárie, de angústia – e o velho – o "tripé estável". Tal imagem, de construção claramente pleonástica, unida à palavra organização, que iniciou o paradigma referente à G. H. anterior à experiência, parece configurar as idéias de necessidade de escora, e portanto de comodismo, automatismo, reificação.

No quarto parágrafo, a mesma disposição discursiva: iniciado por uma frase interrogativa que retoricamente retoma o dito e lhe dá um tom de debate, de discussão, em procedimento dialético ("Estou desorganizada porque perdi o que não precisava?"), acrescenta-se nova palavra, novo sentido, nova busca de significar: trata-se agora da palavra "covardia", que, como as outras, resvala para o seu oposto, ao mesmo tempo em que mantém o sentido corrente:

> Nesta minha nova covardia – a covardia é o que de mais novo me aconteceu, é a minha maior aventura, essa minha nova covardia é um campo tão grande que só a grande coragem me leva a aceitá-la – na minha nova covardia, que é como acordar de manhã na casa de um estrangeiro, não sei se terei coragem de simplesmente ir.

Assim, isto é, convertendo sentidos sabidamente negativos em positividade, o sujeito opera um movimento que se mantém ao longo de todo o texto e que nele mesmo se explicita, numa frase que só aparece bem posteriormente e na qual vimos residir uma das principais chaves interpretativas do texto: "uma forma que é feita de suas formas opostas". Deste modo, "covardia" é não apenas nova, é "o que de mais novo aconteceu", é a "maior aventura", é um campo "tão grande" que sua aceitação implica "grande coragem". Ou seja, covardia, aqui, é coragem, entendida num contexto dialético, pois se refere à coragem de assumir a própria covardia diante do novo, do que continua amedrontando, o sujeito, em tom de insistência, parece dizer, num procedimento que já podemos perceber aproximar-se do pedagógico.

Utilizando-o, G. H. não apenas articula o discurso em função de um interlocutor, mas o faz como se ensinasse a este interlocutor imaginário, que se desdobra na figura do leitor implícito no texto, como aquele deve ser lido. Em outras palavras: desestruturado, o sujeito pacientemente desestrutura seu interlocutor/leitor, num movimento que avança em espiral, isto é, parte do dado, do dito, do assimilado (?), para redizê-lo e ao mesmo tempo acrescentar-lhe algo. Retomar e redizer o velho para inserir o novo, quer dizer, partir do conhecido para conduzir ao desconhecido constitui uma velha técnica ao mesmo tempo mística, ritualística, retórica e didática; uma técnica de leitura, podemos acrescentar.

Neste momento, as imagens de escrita como expulsão, o ritual demiúrgico – que se inicia como se tocasse um objeto sagrado: a virtualidade da mensagem[5] –, jorro de linguagem, busca agônica de sentido/de interlocução, "ardência erótica", também se convertem em seu oposto, sem deixar de ser o que são: construção, "cálculo meticuloso"[6], forma que, em consonância com seu tom de fala inaugural, necessita forjar os seus próprios conceitos, o que implica preparar o leitor para recebê-la, como estamos vendo, por meio de um jogo que incansavelmente se põe e repõe.

Em seu decorrer, verificamos que o referido movimento pendular continua incidindo entre a velha e a nova G. H., sem nenhuma esperança de pacificação, pois o leitor atento já percebeu que, se de fato há uma pedagogia, ela se instaura paciente e perversamente, construindo para demolir, voltando a construir para voltar a demolir, ou seja, apontando para o inconcluso, o inacabado, o indecidível.

Idêntico processo ocorre na terceira tentativa de nomear o vivido, presente ainda neste quarto parágrafo do texto. "É difícil

---

5. Lepecki, 1985: 3.
6. As expressões "ardência erótica" e "cálculo meticuloso" referentes à escritura de Lispector são de Yudith Rosenbaum. Rosenbaum, 1999: 136.

perder-se. É tão difícil que provavelmente arrumarei depressa um modo de me achar, mesmo que achar-me seja de novo a mentira de que vivo." Num procedimento que já conhecemos, o tema da dificuldade de perder-se converte-se em seu oposto – a busca de um modo de se achar – o que ao mesmo tempo é reiterado e relativizado, por meio de uma definição: "Achar-se = ter uma idéia de pessoa organizada e nela se engastar, sem sentir o grande esforço de construção que é viver".

Se a reiteração confirma a idéia de um eu organizado, no sentido de cristalizado, um eu cuja existência se revela como mentira/simulacro, petrificação (sugerida pela expressão "engastar-se" a uma idéia de pessoa já formada), a relativização, por sua vez, opõe a esse eu em franco processo de desabamento a "grande construção que é viver" e, podemos acrescentar, escrever.

Assim, para dizer-se, ou seja, para escrever, a narradora precisa propor uma *nova* forma, a qual se gesta ao leitor como uma espécie de *receita narrativa*, tecida por meio de seu oposto: a desorganização, a desconstrução, o simulacro, pois, ao afirmar que, devido à dificuldade de se perder, provavelmente arrumará depressa um modo de se achar, mesmo que isso signifique o retorno da mentira de que vive, ela parece aludir não apenas à possibilidade de voltar a ser o que era antes da experiência, mas aos riscos que corre a própria narrativa, na medida em que esta não deixa de constituir um modo de se achar, de se organizar...

A ambigüidade se instaura, fazendo rangerem os sentidos apressados: talvez o achar-se da G. H. narradora necessite do perder-se do leitor, já que fica indefinido o que significa, para ela, achar-se, depois de ter vivido o que viveu: "Até agora achar-me era já ter uma idéia de pessoa e me engastar nela". A palavra *agora* parece colocar a decisão nas mãos do leitor, já que se distancia do próprio ato de viver/escrever, embora também possa referir-se a ambos, transbordando para o de ler, num belo exemplo da antológica fixação clariceana pelo "momento já".

Na conclusão, o parágrafo retoma a imagem da "terceira perna", recupera sua negatividade e utiliza uma frase interrogativa para voltar a centralizar o discurso no momento e no calor do processo enunciativo: "E agora, estarei mais livre?" Na medida em que recoloca radicalmente a dimensão de proximidade entre a vivência da escritura e a da leitura, reiterando-a por meio do futuro do presente, o advérbio "agora" novamente merece destaque, no sentido de se revelar como um hábil procedimento que aponta para o diálogo: ele torna o leitor partícipe da indagação, compromete-o com ela, incorpora-o na cena quase como personagem, ausente mas a cada movimento presentificado, desejado, instaurado pelo texto.

No entanto, modulando o jogo entre o diálogo e o monólogo, um jogo tão ambíguo quanto à própria escritura, na abertura do parágrafo seguinte G. H. explicitamente responde o que perguntara: ("E agora, estarei mais livre?") "Não." Assim, o eu que fala desdobra-se no interlocutor a quem fala, converte-se em *imagem de alteridade* em relação a si próprio, confirmando seu estado de cisão e desta forma retomando o solilóquio, o que silencia o leitor atônito, como se lhe desnudasse a "verdade" de sua condição: ele deve ser paciente, como o sujeito enunciador está sendo com ele, deve acompanhar-lhe a trajetória ao longo da qual o sujeito, meticuloso em seu desamparo, em sua "angústia", ao mesmo tempo que o aproxima, revela-lhe o perigo de tal proximidade. "Situação de perigo é toda aquela que evoca a possibilidade de dissolução, miticamente situada em um momento de desamparo fundamental"[7].

Em termos psicanalíticos, uma das características da angústia, no âmbito do aparelho psíquico, é que ela faz referência ao caos inicial, cuja leitura constitui o aspecto constitutivo do sujeito humano[8]. Esse caos, que "em vez de desaparecer ou de ser do-

---

7. Vieira, 2001: 63.
8. "O sujeito humano, capaz de ler o mundo e nele sobreviver, só se constitui como fruto da entrada em ação de uma grade de leitura do caos, que, de certa forma, separa o bebê desse afluxo sensorial incontrolável. Em termos especificamente freudianos, o aparelho psíquico constitui-se como uma camada de proteção contra o excesso de estímulos. Somente a partir desta operação inaugural, torna-se possível ler o caos e fazer dele um mundo. Esta é a razão

minado, mantém-se como fundo do qual se destaca a ordem do universo"[9], "jamais será totalmente afastado, fato clínico que justifica o conceito de castração. Ele passa a marcar uma ameaça de dissolução sempre presente, uma vez que o movimento próprio da pulsão, de morte por excelência, é de retorno a esse momento mítico"[10].

Na medida em que reproduz esse desamparo, a angústia se mantém articulada ao perigo, constituindo uma reação a ele. Nesse contexto, "castração é o nome da insistência estrutural da ameaça de dissolução", o que faz com que ela e o perigo sejam termos "que nomeiam o caos ao qual o afeto da angústia dá a forma de um sinal"[11].

Resumidamente, podemos, então, afirmar, que, em termos freudianos, "a angústia tem a função de um sinal, instaurado a partir da articulação entre a castração, a exigência pulsional e o recalque. Ela remete a uma situação traumática, primordial de perigo, ancestral a todos os estados de tensão acumulada em que não houve possibilidade de descarga"[12].

Processo de tensão, da situação de derrocada do eu em face do real, a angústia, em Lacan, relaciona-se com o objeto a:

a Coisa trocada em miúdos. É este objeto que pode ser apenas deduzido de todas as demandas que, insatisfeitas, levam a supor um objeto de satisfação total, relacionado com o fim do desejo, e, por isso mesmo, com o fim do sujeito. A angústia se refere, assim, ao objeto como objeto impossível, cuja presença nua, símbolo de satisfação total, faria o mundo, feito de falta, desabar. A partir desse objeto, garantia de certeza, ordenam-se desejo e gozo[13].

---

pela qual o trauma é referido a um tempo mítico, universal, e é caracterizado como desamparo" (Vieira, 2001: 62).
9. Vieira, 2001: 62.
10. *Idem*: 63.
11. *Idem*: 64.
12. *Idem*: 65.
13. *Idem*: 138.

Articulada "entre desejo e gozo"[14], a angústia diz respeito, portanto, "não ao brilho da imagem, mas ao seu ponto cego. Refere-se menos à cena representada no quadro e mais à função da moldura, enquadre do vazio. Por esta razão, o espelho sem imagem é o paradigma da angústia"[15].

Tanto no sentido de "técnica desestabilizadora do eu", quanto no de "afeto do limite"[16] e no de "espelho sem imagem", a angústia pode ser utilizada para ilustrar esta reflexão sobre o processo enunciador de *PSGH*. Por exemplo, na forma como se estrutura o jogo especular entre a narradora e o interlocutor: ao mesmo tempo em que G. H. provoca/persegue o desejo do Outro (o leitor), essa provocação/perseguição simultaneamente atiça e inibe sua "vontade de potência". Assim, essa vontade, fundada na crença de que, "sob as máscaras, há um sentido primeiro"[17], é acionada pelo texto, fazendo com que o leitor se mova numa situação angustiante em que a promessa de encontro se atualiza como solidão, a expectativa de ganho se atualiza como perda, em mais uma manifestação daquela frase que se assemelha a uma senha mágica de entrada no texto: "uma forma que é feita de suas formas opostas".

---

14. "No exemplo simples de Lacan, o par bebê-mãe ilustra o lugar da angústia e do objeto. O objeto do desejo [...] é figurado pelo seio, enquanto o objeto a situa-se na mãe, em algum lugar para além do seio. [...] Notemos que há um objeto, causa do desejo, que pode presentificar-se no seio ou no corpo da mãe. O lugar preciso deste objeto, entretanto, só se deixa entrever no interstício entre um e outro, além do seio e aquém da mãe nutridora. Por outro lado, a mãe comporta algo de invisível, indiscernível, por trás do seio e, neste caso, sua presença se fará sentir como o nada, que acompanha a angústia. O real do nada como presença pode ser figurado nas variadas formas, via de regra seu poder desagregador implica uma tonalidade maligna, que pode ganhar o corpo de um ser de maldade [...] ou, segundo Lacan [...], de um vampiro. [...] A angústia que acompanha a imagem do vampiro se ancora num ponto além desta imagem, mas seus efeitos de medo ou tristeza [...] situam-se no próprio plano da imagem, dando-lhe vida e peso subjetivo". Vieira, 2001: 138-139.
15. Vieira, 2001: 139.
16. *Idem*: 136-137.
17. *Idem*: 168.

Seja como for, o jogo pendular entre o monólogo e o diálogo constitui um dos fatores responsáveis pelo andamento do texto, pela progressão de idéias nele existente, a qual, como vimos, dá-se pela via da sistemática retomada questionadora do dito e do acréscimo de novos significados, que também serão retomados e questionados para gerar outros e assim sucessivamente, num movimento espiralado, que, além de encenar a grande temática do fragmento deflagrador do jorro discursivo de *PSGH* – como começar a dizer? Como entrar no assunto? Como inaugurar uma fala? –, numa experiência de deriva que é também lucidez, instaura uma espécie de pedagogia do tipo de leitor e de leitura desejados pelo texto.

Voltando a ele, cuja travessia revela-se tortuosa, e por isso mesmo pede cuidado com as generalizações apressadas, retomemos o quinto parágrafo. Nele o leitor, em seguida à resposta da narradora à pergunta que ela mesma fizera, remetendo-o ao silêncio, distanciando-o, defronta-se com mais uma frase interrogativa:

E agora, estarei mais livre?

Não. Sei que ainda não estou sentindo livremente, que de novo penso porque tenho por objetivo achar – e que por segurança chamarei de achar o momento em que encontrar um meio de saída. Por que não tenho coragem de achar apenas um meio de entrada? Oh, sei que entrei, sim. Mas assustei-me porque não sei para onde dá essa entrada. E nunca antes eu havia me deixado levar, a menos que soubesse para o quê.

Neste trecho, há outro advérbio de tempo – "ainda" – que, unido à locução verbal gerundiva, presentifica e "estica" o ato de dizer, postergando para o futuro (da própria escritura) o seu fazer-se, o qual se identifica com sentir livremente, em oposição a pensar, palavra que se associa a achar, deflagrando novo par de opostos complementares ("meio de saída", com o significado de mais uma ancoragem, mais uma "terceira perna", metáfora alguns parágrafos à frente retomada, para gerar uma confissão perigosa/ perversa: "Sei que precisarei tomar cuidado para não usar sub-repticiamente uma nova terceira perna que em mim renasce fácil como capim, e a essa perna protetora chamar de 'uma verdade'").

Prosseguindo a leitura em terreno apesar de tudo com algo de familiar, ao menos em relação ao já lido, o leitor sente-se mais próximo, ou seja, mais aproximado do texto em sua "vontade de potência", uma vez que a pergunta encontrada neste parágrafo ("Por que não tenho coragem de achar apenas um meio de entrada?") parece, ao contrário da anterior, novamente solicitar-lhe cumplicidade.

No entanto, o leitor esbarra em novo tom/nova armadilha/ novo simulacro: *Oh, sei que entrei, sim. Mas...* A interjeição e o advérbio de afirmação, que parecem querer introduzir o narrado com ênfase dramática, precipitando o desenrolar da narrativa, são bloqueados por um "mas" que remete ao já conhecido: novamente a digressão no lugar da ação. Aqui a palavra "sim", acrescida do "não" que inicia o parágrafo, reforça o jogo pendular que aproxima e distancia o objeto de desejo do leitor, numa encenação rítmica de aparecimento e desaparecimento.

Esse "mas", assim, desvia a recém-criada expectativa de saciedade, e, mais uma vez, como acontecerá ao longo de todo o capítulo, e, por extensão, de todo o livro, devolve o leitor à situação de angústia, reduplicação da angústia de G. H.: "[...] assustei-me porque não sei para onde dá essa entrada. E nunca antes eu havia me deixado levar, a menos que soubesse para o quê".

Nesse sentido, não será o leitor uma representação de mais uma "terceira perna" de G. H.? De fato, é ele quem alicerça a busca de uma expressão que "não minta o sentimento", é ele quem motiva a necessidade de direcionar pedagogicamente o discurso, é ele, enfim, quem dela parece exigir "uma verdade", à que se sabe capaz de sucumbir, pois vimos que em G. H. "uma nova terceira perna renasce fácil como capim".

Se esta interpretação for possível, pode-se pensar que a narradora estaria "sub-repticiamente" usando a "imagem" de leitor a quem se dirige para "ousar dizer-se" do único modo que lhe parece corresponder a uma "fala justa": há que reviver o vivido, a fim de recriá-lo, mas, pela natureza "inominável" que o vivido revela possuir, fazê-lo implica uma espécie de "preparação de terreno" que lhe propicie legibilidade.

MONÓLOGO OU DIÁLOGO?

Neste caso, há algo neste capítulo de abertura de *PSGH* que remete, por contraste, ao *proemium*, o "ensaiar de dedos" que, na poesia clássica dos aedos, consistia num dos protocolos de decisão que precede e prepara para o canto, "como se começar a falar e encontrar a linguagem constituísse um risco de despertar o desconhecido, o escândalo, o monstro"[18]. Enquanto nele o poeta se retira para que a Musa cante, desta forma lançando mão de um código de abertura que "elimina o caráter arbitrário de todo começo", aqui a narradora precisa conquistar a credibilidade do leitor para garantir a sua "alegria difícil" de narrar-se. Nas palavras de Roland Barthes:

> Escrever no prazer me assegura – a mim, escritor – o prazer de meu leitor? De modo algum. Esse leitor, é mister que eu o procure (que eu o "drague"), *sem saber onde ele está*. Um espaço de fruição fica então criado. Não é a "pessoa" do outro que me é necessária, é o espaço: a possibilidade de uma dialética do desejo, de uma imprevisão do *desfrute*: que os dados não estejam lançados, que haja um jogo[19].

Talvez este prazer, fundado na "caça" do que não se sabe onde está, seja um outro nome da angústia, porque como ela é a própria imagem vazia da incompletude, da falta, da situação de limite entre procura e encontro. Talvez seja esse misto de angústia e prazer o sentimento a que se refere Lispector, na nota introdutória ao romance, por meio da expressão "alegria difícil". O fato é que, em nenhum momento, o prazer que é angústia, a alegria que é difícil, podem ser lidos como expressões reconfortantes, apaziguadoras.

Ao contrário, se por um lado ambos parecem instaurar um pacto de leitura, fundado numa promessa de gozo que se atualiza como vetorização do desejo, por outro, podem ser "traduzidos" por meio do conceito barthesiano de texto de fruição:

> aquele que põe em estado de perda, aquele que desconforta (talvez até um certo enfado), faz vacilar as bases históricas, culturais, psicológicas

---

18. Barthes, 1972: 62.
19. *Idem*: 9.

do leitor, a consistência de seus gostos, de seus valores e de suas lembranças, faz entrar em crise sua relação com a linguagem[20].

Como ler este tipo de texto, a que o estudioso se refere como um texto-limite? Quais portas de entrada podem converter-se em instâncias de legibilidade que apontem para seus elementos estruturantes? E, como estamos em solo fértil, vale a contrapartida: como deixar de lê-lo, se ele vai envolvendo, num movimento giratório que é puro fascínio e sedução/perdição?

Tais perguntas, conjugadas com os (des)caminhos abertos por esta tentativa de análise, cujas principais linhas estão colocadas, remetem às operações básicas da retórica clássica: a *inventio* (o encontro dos argumentos a serem desenvolvidos), a *dispositio* (a ordenação desses argumentos), a *elocutio* (sua apresentação em "palavras ornamentadas", isto é, capazes de persuadir pela riqueza argumentativa e também pela beleza do discurso), a *actio* (referente à encenação da linguagem) e a *memória* (relativa aos instrumentos de apoio necessários à performance do orador).

Em suas reflexões sobre o tema, Barthes[21] mostra que na *techne retorique*, tal como a praticavam os antigos, a *inventio* e a *dispositio* necessariamente precedem a *elocutio*, na medida em que constituem operações mentais de que esta resulta, materializando em palavras as reflexões sobre o encontro e a melhor organização dos argumentos. Refere-se, também, ao fato de que, enquanto as três primeiras sobrevivem até os nossos dias nas mais variadas formas discursivas, as outras duas teriam desaparecido com a substituição da palavra falada pelo livro, o texto escrito.

Neste contexto, se na estruturação do capítulo de abertura de *PSGH* existem ecos de tais operações, elas aparecem de forma que subverte sua ordem originária, já que o metadiscurso de G. H. transpõe a *inventio* e a *dispositio* para o plano da *elocutio*, e assim (re)vela ao interlocutor o seu próprio processo de construção, em seu desnudamento do ato de escrever e de seus pressupostos: o

20. *Idem*: 22.
21. Barthes, 1972: 68.

plano, a estruturação do livro etc., que simultaneamente se realizam, neste estranho tipo de exórdio. Além disso, na medida em que o faz por meio de uma linguagem que se assemelha a uma "dramaturgia da palavra", isto é, em que o ato de narrar aproxima-se do de mostrar, como se o livro fosse mais corpo, gesto, palavra representada que palavra lida, *PSGH* reatualiza, evidentemente de modo próprio, transformador, a operação que os antigos denominavam *actio*.

Quanto à memória, esta constitui a essência da experiência de G. H., pois se trata de uma experiência de rememoração, no plano pessoal e coletivo, abrangendo toda a história da humanidade e do próprio planeta, que é acionada por meio da técnica da repetição.

A propósito deste tema, escreveu Norma Tasca:

Operador responsável pelas transformações profundas do discurso [...], ele encena, "de forma mais forte e mais enérgica", conforme pretendiam os antigos retóricos, a complexa subjetividade passional que se inscreve em *PSGH*. Visando mais "reproduzir" do que exprimir o sujeito passional, atualiza o que mais caracteriza semanticamente o lexema paixão nas suas várias concepções: "a intensidade". Só ela é capaz de reproduzir a experiência vivida[22].

Se por um lado a repetição retarda o andamento do discurso, substituindo a expectativa de linearidade por um retorno ao mesmo que nunca é exatamente o mesmo, por outro ela funciona como o grande recurso mnemônico capaz de deflagrar o processo de uma escrita-ritualística, oracular, que também por isso é "medularmente poética", como afirma Benedito Nunes[23].

Na medida em que tais aproximações tenham sentido, é possível pensar que *PSGH* utiliza-se de técnicas retóricas como faz com outros discursos – o bíblico, o mítico, o psicanalítico, o filosófico, o poético, o dramático – numa experiência de dialogismo no sentido bakhtiniano do termo, ou seja, em que há plurilingüismo:

---

22. Edição crítica de *PSGH* – Nunes, 1996: 270.
23. Nunes, 1989: 142.

pluralidade de linguagens, por meio das quais a romancista refrange suas próprias intenções[24].

Por ora, a fim de prosseguir o rastreamento dos parágrafos iniciais, cabe retomar a idéia de que a narrativa sofre um sistemático e calculado adiamento. E o faz inserindo neste vazio um conjunto de filosofemas[25], por meio do qual a enunciação volta-se sobre si mesma, num movimento cujo caráter espiralado parece aproximá-la de certo modelo do discurso filosófico. A análise do sexto e do sétimo parágrafos, que será feita em conjunto, talvez possibilite que essa questão seja desenvolvida. O sexto parágrafo inicia-se da seguinte forma:

"Ontem, no entanto, perdi durante horas e horas a minha montagem humana."

Aqui, o conectivo "no entanto" bloqueia a reflexão sobre o vivido e (re)cria a expectativa do leitor em relação à história a ser narrada, num movimento inverso ao que acontece no parágrafo anterior. Tais jogos pendulares entre o sim e o não, além de encenarem uma intermitência, fazem-no por meio de uma cadência rítmica que, aliada à repetição, como vimos assinala a dimensão poética do discurso.

A frase, além disso, fornece duas indicações temporais importantes: a primeira ("ontem") apontando a proximidade entre o fato e a disposição torturada mas insistente, angustiada mas insidiosa (talvez aqui o "mas" já pudesse ser substituído pelo "e") da narradora em contá-lo; e a segunda referindo-se às "horas e horas" de perda da "montagem humana" de G. H., expressões que reforçam a imprecisão de que se reveste o narrado e ao mesmo tempo adiantam algo em relação a ele: no caso, a idéia de artificialidade, presente na palavra "montagem". Artificialidade, assim, reúne-se ao paradigma que vem construindo a imagem da G. H. anterior ao vivido: alienação, cristalização, simulacro, mentira, "montagem humana".

24. Bakhtin, 1988: 120.
25. A palavra é utilizada aqui no seu sentido geral de discurso filosófico.

Mas a frase é bloqueada pelo discurso circular no qual é preciso atenção, pois já se sabe que se trata de circularidade enganosa, armadilhesca: a volta ao mesmo é condição para o acréscimo de elementos que podem ser perdidos, na impressão constante de redemoinho causada pelo texto. Vejamos a continuação da passagem:

> Se tiver coragem, eu me deixarei continuar perdida. Mas tenho medo do que é novo e tenho medo de viver o que não entendo – quero sempre ter a garantia de pelo menos estar pensando que entendo, não sei me atrever à desorientação. Como é que se explica que meu maior medo seja em relação a: ser? E no entanto não há outro caminho. Como se explica que meu maior medo seja exatamente o de ir vivendo o que for sendo? Como é que se explica que eu não tolere ver, só porque a vida não é o que eu pensava e sim outra – como se antes eu tivesse sabido o que era! Por que é que ver é uma tal desorganização?
>
> É uma desilusão. Mas desilusão de quê? Se, sem ao menos sentir, eu mal devia estar tolerando minha organização apenas construída? Talvez desilusão seja o medo de não pertencer mais a um sistema. No entanto, se deveria dizer assim: ele está muito feliz porque finalmente foi desiludido. O que eu era antes, não me era bom. Mas era desse não bom que eu havia organizado o melhor: a esperança. De meu próprio mal eu havia criado um bem futuro. O medo agora é que meu novo modo não faça sentido? Mas por que não me deixo guiar pelo que for acontecendo? Terei que correr o sagrado risco do acaso. E substituirei o destino pela probabilidade.

Em ambos os parágrafos, há elementos reveladores de outras possibilidades de entrada no texto. Primeiro, cabe destacar o que se acrescenta ao paradigma que se refere ao novo, ou seja, à nova situação de G. H., após a experiência vivida, o qual se concentra na palavra "desorganização", à que se integra "desilusão", e, mais adiante, ao longo do capítulo, "incompreensão", "escuridão", "horror". Cabe, igualmente, relacioná-lo com seus opostos complementares: "organização", "compreensão", "claridade", "glória".

Todos esses vocábulos, como já sabemos, convertem-se nos referidos opostos, no sentido em que adquirem valoração positiva, embora ao mesmo tempo mantenham seus significados correntes, já que despertam "medo". O medo, nesta passagem, é especialmente evocado: "medo do que é novo, medo de viver o que não entendo, medo de ser, medo ir vivendo o que for sendo, medo de não pertencer mais a um sistema, medo, de que meu novo modo de ser não faça sentido".

A reiteração obsessiva da palavra "medo", que permite interpretá-la como idéia fixa, convida a investigar a ligação que possui com a angústia, em termos psicanalíticos. Se a segunda é um desejo esvaziado do objeto, do referente, sempre em vias de articular-se com o sentido, ela pode transformar-se no primeiro, quando "ganha um significante no mundo, perdendo seu caráter difuso e vinculando-se a uma representação específica"[26].

O medo, então, concretiza a angústia, atribui-lhe um objeto. E qual seria este objeto, na passagem lida? G. H. refere-se ao "novo", ao "que não entende", a "ser", a "ir vivendo o que for sendo", a "não pertencer mais a um sistema", à "ausência de sentido". Dentre tais objetos, que no fundo apontam para o mesmo, destaca-se o "medo de ver", já que a experiência de visão é deflagradora de todos os outros. Assim, é possível uma leitura da recorrência obsessiva do medo como sinalização da proximidade do objeto, ou seja, do conteúdo a ser narrado: uma experiência em que se prova o ser neutro e inexpressivo, matéria primordial de que são compostos todos os seres, por meio do ato de ver.

Na medida em que tal experiência conduz a uma rememoração, é possível relacionar o ato de rememorar, em que o texto se alicerça, com o próprio trabalho da psicanálise, cuja intenção, como se sabe, "é levar o paciente a levantar os recalques dos primórdios de seu desenvolvimento[27]". No entanto, enquanto na psicanálise o objetivo da volta ao instinto é a superação do afeto recalcado, que se dá por meio de um movimento em que o cosmos

26. Vieira, 2001: 60.
27. *Idem*: 68.

(aqui entendido como o ego, o universo da consciência) recorre ao caos (o id, o inconsciente) para que o indivíduo se (re)incorpore na sociedade humana, em *PSGH* há uma desaprendizagem dos valores e atributos humanos, por meio da qual o caos se converte em cosmos, o que lhe desnuda a condição de obra de arte.

A maneira como ocorre mais este simulacro da narração, que mais uma vez enreda o leitor, constitui, por sua vez, outro aspecto a ser ressaltado. As frases interrogativas, cuja função discursiva parece ser colocar a objeção, a refutação, a dúvida como componentes estruturais/estruturadores do discurso, centralizam-se na questão do medo, da qual as outras parecem ser engendradas:

> Como é que se explica que meu maior medo seja em relação a: ser? E no entanto não há outro caminho. Como se explica que meu maior medo seja exatamente o de ir vivendo o que for sendo? Como é que se explica que eu não tolere ver, só porque a vida não é o que eu pensava e sim outra – como se antes eu tivesse sabido o que era! Por que é que ver é uma tal desorganização? [...] Mas desilusão de quê? Se, sem ao menos sentir, eu mal devia estar tolerando minha organização apenas construída? [...] O medo agora é que meu novo modo não faça sentido? Mas por que não me deixo guiar pelo que for acontecendo?

Nestas frases, essencialmente problematizadoras, parece residir um elemento central indicador da busca de alteridade como recurso inerente à estruturação textual, uma vez que elas constituem procedimentos retóricos de enunciação que provocam/instigam/deflagram o ato de pensar, sistematicamente procedendo como se o outro (o interlocutor/o leitor/a imagem "fingida" do eu) se contrapusesse ao dito e também sistematicamente integrando essa contraposição no corpo discursivo.

O que estou considerando integração da contraposição do outro concretiza-se através dos referidos filosofemas, por meio dos quais definições, pontos de vista, argumentos, refutações, premissas, conclusões etc são obsessivamente instituídos e demolidos, numa constituição discursiva que se aproxima da significação filosófica do adjetivo "discursivo": "Este adjetivo corresponde ao sentido da palavra grega *dianóia*, porque designa o procedimento racional que avança inferindo conclusões de premissas, ou seja, através de enunciados negativos e afirmativos sucessivos e concatenados"[28].

Assim, uma das dimensões do discurso de G. H. pode ser definida como um processo de pensar, de ordenar o pensamento, além de fazer pensar, de conduzir o outro ao território do pensamento, na medida em que parece eleger o lugar do outro como verdadeiro ponto de perspectiva, no modo como se organiza.

No entanto, como ocorre com os demais movimentos do texto, tal processo possui o seu oposto complementar, ainda na passagem lida, sugerido não apenas pela referência ao ato de ver, mas pelo caráter de fazer ver de que se reveste, pois a narradora o estende ao leitor, quando se pergunta: "Por que é que ver é uma tal desorganização?" Aqui, o uso do infinitivo intemporaliza o ato de ver, dando ao texto uma conotação de "máquina de fazer ver". A visão do leitor é, assim, acionada e mediada pela visão de G. H., a qual, por sua vez, é mediada pela linguagem que a quer relatar/ reviver.

Ao longo do texto, o pensamento/a linguagem/a forma opõem-se à visão, à paixão, ao encontro com o real, embora ao mesmo tempo sejam imprescindíveis para sua incorporação pelo ser humano, a qual se traduz como necessidade de expressão.

Nesta oposição pensamento/paixão reside, portanto, o âmago da articulação discursiva de *PSGH*, conforme se percebe desde o título, que faz referência a uma paixão *secundum*, isto é, uma paixão relatada, a qual teima em não se submeter àquilo que dela diz Benedito Nunes: "já é a paixão passada, arrefecida, recordada, medida, distanciada"[29].

Neste sentido, o *pathos* de G. H., exemplarmente presente numa das frases que sintetizam a construção dialética do texto –

28. Abbagnano, 1998: 289.
29. Nunes, 1987: 273.

MONÓLOGO OU DIÁLOGO?

"Só posso compreender o que me acontece mas só acontece o que eu compreendo" – consiste em transformar-se em agente de uma vivência da qual foi paciente, já que os acontecimentos a arrastaram para a dissolução do eu, para a perda da humanidade, para a indeterminação entre sujeito e objeto, entre ver e ser visto, ou seja, para o informe, o indiferenciado, o silêncio. Essa transformação, no entanto, é impossível, na medida em que contar significa reviver a morte do eu e, portanto, remorrer. Assim, é necessário criar uma forma que mimetize o informe da experiência vivida. Que características esta forma possui?

A (RE)INVENÇÃO DA ESCRITURA

O que é a angústia

Um rapaz fez-me essa pergunta difícil de ser respondida. Pois depende do angustiado. Para alguns incautos, inclusive, é palavra que se orgulham de pronunciar como se com ela subissem de categoria – o que também é uma forma de angústia.

Angústia pode ser não ter esperança na esperança. Ou conformar-se sem se resignar. Ou não se confessar nem a si próprio. Ou não ser o que realmente se é, e nunca se é. Angústia pode ser o desamparo de estar vivo. Pode ser também não ter coragem de ter angústia – e a fuga é outra angústia. Mas angústia faz parte: o que é vivo, por ser vivo, se contrai.

Esse mesmo rapaz perguntou-me: você não acha que há um vazio sinistro em tudo? Há sim. Enquanto se espera que o coração entenda[30].

Se considerarmos *PSGH* um meta-romance, caracterizado por uma escritura que a cada linha se (re)inventa, entenderemos a necessidade de um capítulo inicial, que substitua a precipitação dos "fatos", que aliás são ínfimos diante da longa e tortuosa introspecção que deflagram, por uma introdução que os rodeie ao mesmo tempo compulsiva e calculadamente. Ela deve anunciar o

30. *A Descoberta do Mundo*, Lispector, 1999: 435.

69

conteúdo narrado – a angustiante desintegração do eu e conseqüentemente da linguagem – com recursos proporcionais a sua dimensão aterrorizante, tão repulsiva ao humano quanto o inseto que deflagra a experiência indizível.

Trata-se, portanto, de inaugurar uma fala cujo tema maior é o silêncio, de instaurar uma narrativa cuja principal característica é a impossibilidade de realizar-se em seu significado mais substantivo: reproduzir a experiência da paixão de modo que a linguagem não a deforme, embora seja da natureza da linguagem e conseqüentemente da literatura, como diz Berta Waldman, constituir "um espaço vicário da realidade"[31], assim como também é da natureza de ambas dar forma ao vivido, apesar da "pobreza da coisa dita".

Sempre querendo diminuir essa pobreza, G. H. vai se desfazendo da literatura, por meio da literatura. Ou seja, ela substitui a estética do belo pelo seu oposto: uma escritura que se forja através de um processo que encena, pela nova palavra, a libertação da palavra velha, o que implica grande quantidade de perdas, grande expulsão de medos: medo do ridículo, medo do mau-gosto, medo do feio, do dilaceramento do pudor, medo da solidão (nesta trajetória, ela está sozinha, sem guia: "O relato de outros viajantes poucos fatos me oferecem a respeito da viagem: todas as informações são terrivelmente incompletas"), medo de não ter o que dizer.

Diante de todos esses medos, G. H. não se cala. Ou seja, sua fala obsessiva, que parece adiamento, angustiante preenchimento do vazio, também se converte em seu oposto: ela instaura uma linguagem que não aceita estar no lugar da coisa; ela quer ser coisa ("palavra natural"), o que implica criação (pois "viver não é relatável, não é vivível"), não no sentido de imaginação, mas igualmente em seu sentido oposto: "Criar não é a imaginação, é correr o grande risco de ser ter a realidade".

Para ela, então, entender corresponde a criar, "traduzir o desconhecido para uma língua que desconheço, e sem entender para

---

31. Waldman, 1992: 100.

que valem os sinais", numa "linguagem sonâmbula, que é mais um grafismo que uma escrita pois tento mais uma reprodução do que uma expressão", o que implica "correr o sagrado risco do acaso e substituir o destino pela probabilidade".

Assim, esta escritura, que é busca (expulsão) de verdade ("criar sim, mentir não"), opta pela reprodução em detrimento da expressão, mas ao mesmo tempo sabe que toda reprodução, ou seja, toda tentativa humana de compreender, de atribuir sentido, inexoravelmente é expressão, criação, forma, linguagem: espaço vicário da realidade.

Se na tentativa agônica de mimese radical de Clarice a palavra não consegue ser a coisa em vez de dizê-la, como G. H. não conseguiu provar a massa branca da barata sem imediatamente expulsá-la de si – num "acesso de nojo incoercível que a impede de prosseguir por essa trilha"[32] – o fracasso tanto da escritura quanto da experiência que relata constituem dimensões inalienáveis do processo, na medida em que traduzem a angústia da indizibilidade e da falibilidade do signo, convertendo o enigma em mistério.

Desta forma,

Metamorfose incessante e retorno do mesmo não se excluem, mas comparecem como faces complementares de um mesmo regime – o da formação como supressão, ou se se quiser, o da má infinidade, em que a mutação incessante das formas é um movimento sem resultado, fluxo contínuo e mutante, porém baldado[33].

Neste contexto, o movimento pendular desta escritura, que vimos articular-se entre o passado, o presente e o futuro, o velho e o novo, o sim e o não, o pensamento e a paixão, a verdade e a mentira, o eu e o outro, a poesia e a filosofia, o romanesco e o dramatúrgico, o enigma e o mistério é um movimento em que, "se o mesmo é o outro, o ser é o não-ser", ou, mais precisamente, "tudo

32. Idem: 77.
33. Pasta Jr., 1999: 64.

é e não é"[34], num processo de mutação contínua que indica "má infinidade", "formação por supressão". O desprezo e a paixão pela linguagem: transcendência que se torna imanência, numa busca que se traduz como adiamento/aliciamento não do que há a dizer, mas do indecidível/o indizível/o informe que no entanto só se (re)vela na e pela forma:

"Estou adiando. Sei que tudo o que estou falando é só para adiar – adiar o momento em que terei que começar a dizer, sabendo que nada mais me resta a dizer. Estou adiando o meu silêncio? A vida toda adiei o silêncio? Mas agora, por desprezo pela palavra, talvez enfim eu possa começar a falar".

Assim, a transformação que G. H. sofre ao longo da vivência, e que ela procura contabilizar neste capítulo introdutório em termos de perdas e ganhos ("Cada vez preciso menos me exprimir. Também isto perdi? Não, mesmo quando eu fazia esculturas eu já tentava apenas reproduzir, e apenas com as mãos") é uma transformação do mesmo (a G. H. organizada, anterior à visão) no outro (a G. H. desorganizada, posterior à visão), o qual, no entanto, simultaneamente continua sendo o mesmo, ao mesmo tempo em que é o outro... Portanto, trata-se de uma transformação que de fato só se consuma por meio da leitura, o que mostra que em *PSGH*, como aponta José Antônio Pasta, estudando *Grande Sertão: Veredas*:

Também ao leitor, ele o forma suprimindo-se, isto é, simultaneamente ele o concebe como alteridade e o suprime enquanto tal. Este movimento que ao mesmo tempo supõe o lugar do outro e o anula, organiza o livro de ponta a ponta, vai do detalhe às grandes linhas da composição, e desemboca onde não poderia deixar de ser: no leitor, cuja alteridade a obra a um tempo ansiosamente solicita e denega. A essa alteridade última e inescapável, a do leitor, o *Grande Sertão* estende a lei que é a sua, a única que finalmente conhece: o outro é o mesmo – o que faz desse leitor uma espécie de duplo do narrador, um seu outro e o mesmo, algo entre o contratante e o pactário[35].

34. Idem, ibidem.
35. Idem, ibidem.

MONÓLOGO OU DIÁLOGO?

DAR A MÃO A ALGUÉM FOI SEMPRE O
QUE ESPEREI DA ALEGRIA

Ler romances
Nem todos os livros se lêem da mesma maneira. Romance, por exemplo, existem para serem devorados. Lê-los é uma volúpia da incorporação. Não é empatia. O leitor não se coloca na posição do herói, mas se incorpora ao que sucede a este. Mas a clara descrição disto é a guarnição apetitosa, na qual vem à mesa o prato nutritivo. Ora, sem dúvida existe um alimento cru da existência – exatamente como existe um alimento cru do estômago –, ou seja: experiências no próprio corpo. Mas a arte do romance como a arte culinária só começa além do produto cru. E quantas substâncias nutritivas existem que, no estado cru, são indigestas! Sobre quantas vivências é aconselhável ler para tê-las, heim? Golpeiam de modo a fazer sucumbir aquele que as encontrasse *in natura*. Em suma, se há uma musa do romance – a décima –, ela traz os emblemas que pertencem à fada da cozinha. Eleva o mundo de seu estado cru para produzir seu algo comestível, *para fazê-lo adquirir seu paladar*. Ao comer, se for preciso, leia-se o jornal. Mas jamais um romance. São obrigações que se excluem[36].

A leitura de Clarice é difícil e trabalhosa. Exige do leitor a mesma atenção concentrada e tensa, mas também o mesmo abandono que se intui presente no ato da escrita. Se Clarice escreve com o corpo, o seu leitor não pode lhe conceder apenas a fria racionalidade de seu intelecto. Deve deixar-se invadir, aceitar a agressão. Escrita-música, mas não a harmonia apolínea e ritmada de Mozart: antes o misterioso, sensual, turvo, mortífero magma mozartiano. Com repentinas iluminações, sulfúreas fosforescências de fogo-fátuo.

Às vezes, a página pega-nos como uma droga, uma súbita alegria do corpo todo, por simpatia, sintonia, revelação. Outras vezes, queremos recusá-la como um prato demasiado gorduroso, álcool puro sem base material. Daí as razões de sua popular impopularidade. Seus fãs são como uma confraria de adeptos, sempre a relembrarem-se, um ao outro, não episódios ou personagens, nem situações ou palavras [...], mas a reviverem sensações: um cheiro, um arrepiar de pele, um vazio de alma. Por outro lado, há quem não a entenda, quem não saiba, nem queira aventurar-se, entregar-se, aceitar o jogo[37].

36. Benjamin, 1987: 275.
37. Picchio, 1983: 18.

Sei de uma coisa: meu caminho não sou eu, é outro, é os outros. Quando eu puder sentir plenamente o outro estarei salva e pensarei: eis o meu porto de chegada[38].

É evidente que, ao se colocar como narradora de sua paixão, G. H. não pode estar sozinha, como esteve quando a viveu. Ela precisa do outro, sem o qual não há como relatar-se, ao mesmo tempo em que, para fazê-lo, é necessário que o outro seja "o espelho sem imagem", "o ponto cego", "o enquadre do vazio". Quer dizer, o interlocutor de G. H., o leitor de *PSGH*, precisa "perder-se para se achar", como acontece com a protagonista. Esta travessia implica a suspensão do distanciamento crítico, da mediação racionalizadora, da garantia da imagem unificada do eu. Ao contrário, vimos que o texto opera sobre a energia da angústia, que caminha em direção à dissolução dessa imagem, embora acione o desejo do sentido primeiro, supostamente escondido sob as máscaras, para tornar-se legível, ou, mais do que isso, para seduzir, fascinar, envolver.

Vejamos como se encena este jogo pendular de atração e distanciamento, o qual simultaneamente atiça e inibe a vontade de potência do leitor, agora analisando as passagens do capítulo de abertura de *PSGH* em que a narradora explicitamente dirige-se à imagem de leitor que tem sido construída a cada linha do texto. Esta imagem corresponde, como sabemos, ao interlocutor de G. H.

Antes de surgir explicitamente no texto, o interlocutor imaginário de G. H. é preparado por meio de um parágrafo que sintetiza a idéia de uma escritura primal, inaugural, isto é, que precisa forjar seus próprios conceitos:

> Já que tenho de salvar o dia de amanhã, já que tenho que ter uma forma porque não sinto força de ficar desorganizada, já que fatalmente precisarei enquadrar a monstruosa carne infinita e cortá-la em pedaços assimiláveis pelo tamanho de minha boca e pelo tamanho da visão de meus olhos, já que fatalmente sucumbirei à necessidade de forma que

---

38. Lispector, 1999: 119.

vem de meu pavor de ficar indelimitada – então que pelo menos eu tenha a coragem de deixar que essa forma se forme sozinha, como uma crosta que por si mesma endurece, a nebulosa de fogo que se esfria em terra. E que eu tenha a grande coragem de resistir à tentação de inventar uma forma.

Esse esforço que farei agora por deixar subir à tona um sentido, qualquer que seja, esse esforço seria facilitado se eu fingisse escrever para alguém.

Mas receio começar a compor para poder ser entendida pelo alguém imaginário, receio começar a "fazer" um sentido, com a mesma mansa loucura que até ontem era o meu modo sadio de caber num sistema. Terei que ter a coragem de usar um coração desprotegido e de ir falando para o nada e para o ninguém? assim como uma criança pensa para o nada. E correr o risco de ser esmagada pelo acaso.

O para alguém da escritura emerge como um personagem: um ser "fingido", cuja função é propiciar o surgimento do sentido no texto. Ao mesmo tempo em que o engendra, dissimulando essa criação por meio da idéia de condição, que a torna ambígua, G. H. problematiza a já comentada posição desse interlocutor como uma "terceira perna", isto é, como uma escora, que a leve a compor para ser entendida, que a leve a "fazer um sentido", o que parece significar reproduzir um sentido já pronto, e deste modo optar pela "mansa loucura" paralisadora, "a forma sadia de pertencer a um sistema", ou seja, o automatismo, a reificação, a acomodação, a prisão.

Numa passagem desse mesmo capítulo G. H. refere-se à "terceira perna" como uma criação do adulto, causada pelo medo de viver. Coloca, então, o escrever como uma atividade de adulto, mas que necessita, para realizar-se, da "coragem infantil de se perder", isto é, de reencontrar "as duas pernas que andam, sem mais a terceira que prende".

Neste contexto, o interlocutor surge ao mesmo tempo como ameaça e defesa, como deflagrador do processo da escritura e como seu possível cerceador. Diante disso, G. H. afasta-se dele, mas o faz atraindo-o, pois desnuda seu desamparo, sua angústia, sua situação de risco/perigo.

Num segundo momento, é como se o personagem-leitor, criado com ressalvas, mas criado, já tivesse sido aceito pela criadora. Há, portanto, um movimento de forte atração, ao qual se segue o seu oposto: o distanciamento.

> Escuta, vou ter que falar porque não sei o que fazer de ter vivido. Pior ainda: não quero o que vi. O que vi arrebenta a minha vida diária. Desculpa eu te dar isto, eu bem queria ter visto coisa melhor. Toma o que vi, livra-me de minha inútil visão, e de meu pecado inútil.
> Estou tão assustada que só poderei aceitar que me perdi se imaginar que alguém me está dando a mão.
> Dar a mão a alguém sempre foi o que esperei da alegria. Muitas vezes antes de adormecer – nessa pequena luta por não perder a consciência e entrar no mundo maior – muitas vezes, antes de ter a coragem de ir para a grandeza do sono finjo que alguém está me dando a mão e então vou, vou para a enorme ausência de forma que é o sono.

Neste trecho, há clara indicação de diálogo com a criatura recém-criada. Nele G. H. utiliza-se do modo imperativo (que pode expressar atitudes de ordem, convite, ameaça, pedido, súplica etc.) para – em tom de confidência/familiaridade/cumplicidade, e ao mesmo tempo prescritivo, instrucional, utilitário – falar com seu interlocutor, comprometendo-o radicalmente com sua visão, como se percebe pela idéia de gradação, presente na seqüência de verbos: "escuta", "desculpa", "toma", "livra-me".

A "vontade de potência" do leitor nesta passagem quase chega ao paroxismo, pois a narradora o investe do poder não apenas de perdoá-la pela transgressão cometida (uma transgressão cujo sentido moral e religioso é sugerido pelas expressões "visão inútil" e "pecado inútil"), mas também de livrá-la, de libertá-la da angústia.

Nesta reedição da idéia de escritura como expulsão, agora num contexto em que os vários sentidos do imperativo parecem se mesclar, reiterando o já comentado aspecto de fala dramatizada do texto e insinuando um papel de exorcista para o leitor, o distanciamento substitui a proximidade, mas a mão que escreve continua insistindo no amparo de outra mão, como se o ato de ler, que já foi convertido no de ver, também pudesse transformar-se em tocar/provar, como aconteceu com G. H. em relação ao inseto, pura imagem de fascínio:

> Ver supõe distância, a decisão separadora, o poder de não estar em contato e de evitar no contato a confusão. Ver significa que essa separação tornou-se, porém, reencontro. Mas o que acontece quando o que se vê, ainda que à distância, parece tocar-nos mediante um contato empolgante, quando a maneira de ver é uma espécie de toque, quando ver é um contato à distância? *Quando o que é visto impõe-se ao olhar, como se este fosse capturado, tocado, posto em contato com a aparência?* Não um contato ativo, no qual existe ainda iniciativa e ação num verdadeiro exercício do sentido tátil, mas em que o olhar é atraído, arrastado e absorvido num movimento imóvel e para um fundo sem profundidade. O que nos é dado por um contato à distância é a imagem, e o fascínio é a paixão da imagem[39].

Assim, esta mão que G. H. reiteradamente pede, por susto, por expectativa de alegria (uma "alegria difícil", é importante lembrar), para ajudá-la em sua criação, que nesta passagem se aproxima da "enorme ausência de forma que é o sono", não parece constituir metonímia da "pessoa de alma já formada", no sentido de pessoa inteira, madura, preparada para a travessia, a quem a autora elege como seus "possíveis leitores", na nota introdutória ao romance.

Ao contrário, trata-se de uma mão decepada, como se vê na terceira passagem de explicitação do interlocutor de G. H.:

> Enquanto escrever e falar vou ter que fingir que alguém está segurando a minha mão.
> Oh, pelo menos no começo, só no começo. Logo que puder dispensá-la, irei sozinha. Por enquanto preciso segurar esta tua mão – mesmo que não consiga inventar teu rosto e teus olhos e tua boca. Mas embora decepada, esta mão não me assusta. A invenção dela vem de uma tal idéia de amor como se a mão estivesse realmente ligada a um corpo que, se não vejo, é por incapacidade de amar mais. Não estou à altura de imaginar uma pessoa inteira porque não sou uma pessoa inteira. E como

---

39. Blanchot, 1987: 22. Os grifos são meus.

imaginar um rosto se não sei de que expressão de rosto preciso? Logo que puder dispensar tua mão quente, irei sozinha e com horror. O horror será a minha responsabilidade até que se complete a metamorfose e que o horror se transforme em claridade.

Aqui, a imagem do leitor-exorcista, do leitor-"terceira perna", do leitor-"alma já formada" se estilhaça em fragmentos, reduplicando a fragmentação de G. H. Se por um lado esta mão é quente, o que indica sinal de vida, de humanidade, e a narradora atribui à própria incapacidade o fato de não conseguir imaginar o rosto, os olhos, a boca, isto é, a "pessoa inteira" a que corresponde, por outro ela está decepada, é um aleijão que, no entanto, não assusta G. H. Por quê?

Talvez porque G. H. se veja, quer dizer, veja a própria amputação, no espelho sem imagem que elege como leitor, para que assim o eu se objetive, podendo ver-se como outro, ao mesmo tempo em que se transforma em objeto da visão do outro. Mas, se "escrever é quebrar o vínculo que une a palavra ao eu, quebrar a relação que, fazendo-me falar para 'ti', dá-me a palavra no entendimento que essa palavra recebe de ti, porquanto ela te interpela", se escrever é "o interminável", o "incessante", a procura do eu que escreve pelo tu, ao longo do processo de instauração da escritura, constitui um simulacro, provisoriamente necessário, mas apenas como ancoragem, para que aconteça o salto da inspiração[40].

Se esta leitura for possível, ou seja, se o interlocutor de G. H. é um não-eu, reduplicador do não-eu do escritor – um eu privado de si, criado para desaparecer – a súplica, as promessas e declarações de amor de G. H. ao leitor (*"Oh, pelo menos no começo, só no*

---

40. "Escrever começa com o olhar de Orfeu e esse olhar é o movimento do desejo que quebra o destino e a preocupação do canto e, nessa decisão inspirada e despreocupada, atinge a origem, consagra o canto. Mas, para descer até esse canto, Orfeu já necessitou da potência da arte. Isso quer dizer: somente se escreve se se atinge esse instante ao qual só se pode chegar, entretanto, no espaço aberto pelo movimento de escrever. Para escrever, é preciso que já se escreva. Nessa contrariedade se situam a essência da escrita, a dificuldade da experiência e o salto da inspiração" (Blanchot, 1987: 176).

começo. Logo que puder dispensá-la, irei sozinha.") constituem algo semelhante à função do açúcar e da farinha, presentes na famosa fórmula para matar baratas de "A Quinta História", onde se lê: "Queixei-me de baratas. Uma senhora ouviu-me a queixa. Que misturasse em partes iguais açúcar, farinha e gesso. A farinha e o açúcar as atrairiam, o gesso esturricaria o de-dentro delas. Assim fiz. Morreram"[41].

Nesta perspectiva, leiamos a última passagem em que G. H. dirige-se a seu interlocutor, no capítulo de abertura da obra:

> Por enquanto estou inventando a tua presença, como um dia também não saberei me arriscar a morrer sozinha, morrer é do maior risco, não saberei passar para a morte e pôr o primeiro pé na primeira ausência de mim – também nessa hora última e tão primeira inventarei a tua presença desconhecida e contigo começarei a morrer até poder aprender sozinha a não existir, e então eu te libertarei. Por enquanto eu te prendo, e tua vida desconhecida e quente está sendo a minha única íntima organização, eu que sem a tua mão me sentiria agora solta no tamanho enorme que descobri. No tamanho da verdade?
>
> Mas é que a verdade nunca me fez sentido. A verdade não me faz sentido! É por isso que eu a temia e a temo. Desamparada, eu te entrego tudo – para que faças disso uma coisa alegre. Por te falar eu te assustarei e te perderei? mas se eu não falar eu me perderei, e por me perder eu te perderia.

Aqui, a "liberdade aterradora" que conduz ao gesto da escritura vincula-se a uma fala que "não pode interromper-se, porque ela não fala, ela é". Por isso, remete à infância, ao sono, à morte, ao inferno: instâncias provocadoras de angústia, por serem diluidoras do eu. Assim:

---

41. Lispector, *Felicidade Clandestina*, 1998: 147. Nesse conto, que possui muitos pontos de contato com *PSGH*, como mostra o estudo de Yudith Rosenbaum, resenhado no capítulo 3 deste trabalho, a mesma história é recontada seis vezes, por meio do referido processo de repetição e acréscimo de elementos, que configura a escritura em espiral de Lispector. Além disso, nele há um confronto entre uma mulher e baratas, cuja morte é necessária para dedetizar a casa. Assim, a mulher as mata, utilizando a receita mencionada, mas esta morte vai adquirindo outros significados, nas várias versões da história.

Aquele que escreve é igualmente aquele que "ouviu" o interminável e o incessante, que o ouviu como fala, ingressou no seu entendimento, manteve-se na sua exigência, perdeu-se nela e, entretanto, por tê-la sustentado corretamente, fê-la cessar, tornou-a compreensível nessa intermitência, proferiu-a relacionando-a firmemente com esse limite, dominou-a ao medi-la[42].

Neste contexto, o escritor aparece como um mediador da "fala justa", da emergência do Ser da linguagem em que, sob o fascínio da própria escritura, a "coisa se converte em imagem"; em que a imagem, "de alusão a uma figura se converte em alusão ao que é sem figura e, de forma desenhada sobre a ausência, torna-se presença informe dessa ausência opaca e vazia"[43].

Se a literatura é imagem da linguagem, linguagem imaginária[44], a "prisão" do leitor por G. H. ao mesmo tempo alicerça e dissimula a "solidão essencial", a angústia, o vazio, inerentes ao processo de escrever.

Por um lado, é indispensável tê-lo como "única íntima organização", como suporte que converte a ausência em "presença ausente", embora, por outro lado, deixar-se arrastar pelo fascínio (agora pensando no leitor real), e "disso fazer uma coisa alegre", signifique o mesmo que naufragar "no tamanho enorme" do que G. H. teme e deseja, como temeu e desejou provar a massa branca da barata.

---

42. Blanchot, 1987: 29.
43. *Idem*: 25.
44. "Assim como a estátua glorifica o mármore, e se toda arte quer atrair para a luz do dia a profundidade elementar que o mundo, para afirmar-se, nega e rejeita, não seria então o caso de no poema, na literatura, a linguagem ser, em relação à linguagem corrente, o que é a imagem em relação à coisa? [...] Será que a própria linguagem não se torna, na literatura, imagem inteira, não uma linguagem que conteria imagens ou colocaria a realidade em figura, mas que seria a sua própria imagem, imagem da linguagem – e não uma linguagem figurada – ou ainda linguagem imaginária, linguagem que ninguém fala, ou seja, que se fala a partir de sua própria ausência, tal como a palavra aparece sobre a ausência da coisa" (Blanchot, 1987: 25).

Assim, ela atrai, "adoça", ancora o próprio desamparo no outro, não exatamente para "entregar-lhe tudo", como afirma, por julgá-lo mais forte do que ela (uma "pessoa inteira", uma "alma já formada"), mas para, ao fazê-lo, na verdade levá-lo a se entregar e, desta forma, tragá-lo, capturá-lo, esturricando o seu "de-dentro", quer dizer, envenenando-lhe as entranhas, o que não deixa de simultaneamente ocultar ("Desamparada, eu te entrego tudo") e revelar ("Por te falar eu te assustarei e te perderei? Mas se eu não falar eu me perderei, e por me perder eu te perderia").

A "vida quente e desconhecida" do leitor caminha, então, com G. H., ao longo do processo da leitura, para uma morte paradoxal: "a vivificadora morte. A fina morte que me fez manusear o proibido tecido da vida".

A EXPLICAÇÃO DE UM ENIGMA É A REPETIÇÃO DO ENIGMA

Uroboro

Serpente que morde a própria cauda e simboliza um ciclo de evolução encerrado nela mesma. Esse símbolo contém ao mesmo tempo as idéias de movimento, de continuidade, de autofecundação e, em conseqüência, de eterno retorno. A forma circular da imagem deu origem a outra interpretação: a união do mundo ctônico, figurado pela serpente, e do mundo celeste, figurado pelo círculo. Essa interpretação seria confirmada pelo fato de que o uroboro, em certas representações, seria metade preto, metade branco. Significaria assim a união de dois princípios opostos, a saber, o céu e a terra, o bem e o mal, o dia e a noite, o yang e o yin chinês, e todos os valores que esses opostos comportam.

Uma outra oposição aparece numa interpretação em dois níveis. Ao desenhar uma forma circular, a serpente que morde a própria cauda, rompe com uma evolução linear e marca uma transformação de tal natureza que parece emergir para um nível de ser superior, o nível do ser celeste ou espiritualizado, simbolizado pelo círculo. Transcende assim o círculo da animalidade para avançar no sentido do mais fundamental impulso de vida. Mas essa interpretação ascendente repousa apenas na simbologia do círculo, figura de uma perfeição celeste. Ao contrário, a serpente que morde a própria cauda, que não pára de girar sobre si mesma, que se encerra no seu próprio ciclo, evoca a roda das existências, o samsara, como que condenada a jamais escapar de seu ciclo para se elevar a um ciclo superior: simboliza então o perpétuo retorno, o círculo indefinido dos renascimentos, a repetição contínua, que trai a predominância de um fundamental impulso de morte[45].

Ao longo de sua narração, que se faz por adiamento e, pode-se acrescentar, por auto-supressão, G. H. move-se entre a vida excessivamente humanizada ("Eu havia humanizado demais a vida"), ou seja, um tipo de vida em que a necessidade de esclarecimento se tornou mítica, a qual se caracteriza pela autoconservação e pela instauração e respeito aos limites ("nunca soube ver sem precisar mais do que ver"), e o desamparo da "desorientação", da "dissolução", da "mudez dos sinais".

Em tal contexto, emerge a "dialética do esclarecimento"[46], por meio da qual o movimento de pêndulo traz dois novos pares dialéticos, intimamente associados ao conhecimento mítico e ao conhecimento racional, que o livro também põe em confronto: cegueira e visão; memória e esquecimento.

Quando G. H. alude à visão, quer dizer, à luz que "por um átimo" a afastou da cegueira cotidiana, ela o faz acionando sentidos opostos ao que ambas as coisas significam para o humano – escuridão e cegueira – perguntando-se:

se eu olhar a escuridão com uma lente, verei mais que a escuridão? a lente não devassa a escuridão, apenas a revela ainda mais. E se eu olhar

---

45. Chevalier & Gheerbrant (1988: 922-923).
46. "O processo pelo qual, ao longo da história, os homens se libertam das potências míticas da natureza, ou seja, o processo de racionalização que prossegue na filosofia e na ciência. Mas este não é um simples processo de desmitologização: o fato de que ele tem no próprio mito e encontra seu termo atual na mitologização do esclarecimento sob a forma da ciência positiva reflete o fato de que o conhecimento pela dominação da natureza tem lugar pela assimilação dos processos de conhecimento e controle aos processos naturais, e explica por que esse processo de assimilação da natureza pode resultar paradoxalmente numa mais completa naturalização do homem totalmente civilizado" (Adorno/Horkheimer, 1985: 8).

a claridade com uma lente, com um choque verei apenas uma claridade maior. Enxerguei mas estou tão cega quanto antes porque enxerguei um triângulo incompreensível. A menos que eu também me transforme no triângulo que reconhecerá no incompreensível triângulo a minha própria fonte e repetição.

Assim, a lente que lhe propiciou a visão exteriorizada, objetivada de si através do outro (os olhares estrangeiros de Janair e da barata; alteridades sucessivamente sociais e de espécie) é a mesma que converte em "horror" a "glória dura de estar viva", por se tratar de uma lente que cega, e cega exatamente porque aumenta a nitidez. Isto pela razão de que o que essa lente (des)venda e (re)vela é algo que ultrapassa o humano, algo que converte a necessidade humana de entender, de elucidar, de atribuir sentido em seu oposto: o mito do esclarecimento emudece diante do esclarecimento do mito, a verdade humana emudece diante da descoberta de uma verdade anterior, maior e melhor que a humana.

Desta forma, ao esclarecer o mito, relatando a sua experiência infernal com o "mundo todo vivo", o que G. H. faz é aludir a um segredo que no entanto permanece secreto, uma vez que se articula entre memória e esquecimento, história e mito, linguagem e silêncio, enigma e mistério. Se a ignorância do esquecimento é sagrada – "sou a vestal de um segredo que não sei mais qual foi" – o exercício de memória que traz à tona o que a humanidade esqueceu precisa manter, ao máximo, a vivacidade da fala, a fim de que o mito cristão possa ser revivido – é verdade que pelo avesso – mas preservando a força que a palavra adquire, quando inscrita no grande paradigma da Escritura confirmada pela encarnação.

"O que vem, duravelmente, realizar o resgate da letra e sustentar todos os sonhos de uma escrita mais que escrita é a encarnação cristã do Verbo, dando à letra seu espírito. Só um corpo vivo, um corpo que sofre, é capaz, em última instância, de garantir a escrita."[47]

47. Rancière, 1995: 12.

Por meio dessa escrita "morta" que no entanto torna-se uma "escrita mais que escrita"[48], na medida em que inclui a "voz viva" da linguagem-ritual, G. H. procura dar corpo a uma verdade maior do que ela. Já vimos que esta verdade oscila entre o enigma e o mistério, o dizível e o indizível, o cosmos e o caos, a consciência e a inconsciência. Ler *PSGH*, assim, significa, em última análise, renovar o ritual, ou seja, momentaneamente suspender o rotineiro esquecimento e substituí-lo pela memória ancestral, deste modo vitalizando – isto é, tornando, de fato, uma escrita mais que escrita, uma escrita novamente encarnada – a escrita de G. H./Clarice.

Ao fazê-lo, de falsos sujeitos organizados, de-limitados, diluídos na ausência de diferenciações existente em um mundo feito de alienação, de coisificação, de fetichização de todos os valores, convertidos em mercadoria, transformamo-nos, com e como G. H., em objetos de um horror que simultaneamente é claridade, pois busca – com e como a morte – vencê-la, ainda que em vão (na medida em que escrever também implica construir, recortar, "traduzir o intraduzível").

Neste sentido, esta obra de fato pode ser lida como um romance de formação, um romance de educação existencial, como disse Alfredo Bosi. Ele propicia a seu leitor – pelo reconhecimento da própria impotência, pela abdicação de si, espelhando o despojamento ascético da escritora/narradora – um tipo de aprendizagem que, como tudo em seu decorrer, faz-se pelo avesso: o avesso de uma concepção de leitura baseada no distanciamento, na mediação racionalizadora, nas facilitações redutoras e nas ancoragens classificatórias, o avesso dos valores em que se alicerça a humanidade e a civilização, o avesso de uma visão de vida que se

---

48. Para Rancière, enquanto a escrita menos que escrita seria o "puro trajeto do sentido quase-imaterial, do sentido 'sem instrumentos de escriba', harmonizado com o ritmo vital da comunidade sã", a escrita mais que escrita corresponderia "àquela cuja verdade é subtraída aos suportes frágeis e aos signos ambíguos da escrita, traçada de modo indelével e infalsificável na própria textura das coisas" (Rancière, 1995: 11).

opõe à morte, o avesso, aliás, de todo um sistema de pensamento em que a humanização obscurece a humanidade.

Baseado em dicotomias que dialeticamente subverte, reinventando sentidos pela desmontagem dos sentidos convencionais e assim construindo esculloricamente uma alma que forma pela (de)formação, *PSGH* constitui uma "aprendizagem de desaprender", ou uma "desaprendizagem das idéias para se reaprender as coisas", como diria Alberto Caeiro, o mestre dos heterônimos de Fernando Pessoa[49].

> Vida e morte foram minhas, e eu fui monstruosa. Minha coragem foi a de um sonâmbulo que simplesmente vai. Durante as horas de perdição tive a coragem de não compor nem organizar. E sobretudo a de não prever. Até então eu não tivera a coragem de me deixar guiar pelo que não conheço e em direção ao que não conheço: minhas previsões condicionavam de antemão o que eu veria. Não eram as antevisões da visão: já tinham o tamanho de meus cuidados. Minhas previsões me fechavam o mundo.
> Até que por horas desisti. E, por Deus, tive o que eu não gostaria. Não foi ao longo de um vale fluvial que andei – eu sempre pensara que encontrar seria fértil e úmido como vales fluviais. Não contava que fosse esse grande desencontro. Para que eu continue humana meu sacrifício será o de esquecer? Agora saberei reconhecer na face comum de algumas pessoas que – que elas esqueceram. E nem sabem mais que esqueceram o que esqueceram.

Essa análise detalhada do capítulo inicial do romance mostra que nele há uma configuração dialógica que se mantém com diferenças não muito significativas em sua organização geral, em que um sofisticado jogo discursivo recorrentemente encena a temática da abertura de uma fala/uma escritura que se reveste de um caráter primal, inaugural, mítico e místico.

Vimos que tal encenação mimetiza elementos da retórica clássica, conjugando-os com elementos do discurso psicanalítico, do dramático, do poético e também do filosófico, por meio de filo-

---

49. Lind, 1981: 175.

sofemas sobre a natureza e o significado da experiência vivida que são criados fundamentalmente através de frases interrogativas. Além de exercerem uma espécie de função fática e também apelativa, essas frases didatizam, isto é, fatiam a "carne infinita" da visão de G. H, iniciando o leitor no universo de uma escritura labiríntica, errante, com intensos sinais do intransponível. Vimos também que, se essa escritura por um lado lhe fornece algumas senhas de entrada, "adoçando-o" pelas marcas daquilo que nela é decifrável – sua dimensão de enigma – por outro ela ao mesmo tempo o "engessa" com o mistério, de que também é tecida.

Desta forma, o encantamento, a sedução do leitor em *PSGH* ocorre na medida em que, ao longo da leitura, ele vai se deixando contaminar pela situação-limite vivenciada pela protagonista. Trata-se de uma situação designada como limite por ser indizível, intraduzível pela linguagem e portanto intransitiva. Mesmo assim, ou exatamente por isso, é ela a força motriz que gera o desejo do livro que vai se escrevendo, o ímã que magnetiza o leitor, o qual vai sendo perversamente aliciado em sua busca de sentido por meio de uma reiterada constatação de falta e conseqüentemente de possibilidade de sentido.

Quanto mais fica clara, ao longo do texto, a ausência do organizável, do conhecido, do classificável, mais G. H. alude aquilo que é o centro do redemoinho: o estranho, o interdito, e, portanto, o que fascina. E o instrumento mais poderoso desse tipo de leitura que é imersão num ritual encantatório é a repetição, que dá uma forma poética ao "informe" de que é composto o nosso "de dentro": matéria-prima por excelência dos textos clariceanos.

A intensidade, expressa por meio da repetição, retarda o andamento do discurso, num retorno ao mesmo que nunca é exatamente o mesmo. Nesse sentido, pode-se falar que o texto desenvolve-se numa espécie de progressão em escalas, por meio de um procedimento ambíguo em que avançar é ao mesmo tempo – mas não só – retomar, em que se movimentar em direção a uma continuidade simultaneamente é se autofecundar, numa estrutura que oscila entre o círculo, o pêndulo, o mesmo, e o espiral, o avanço efetivo, o outro.

Daí as frases que terminam cada capítulo iniciarem o posterior, terminando uma escala, uma camada textual e ao mesmo tempo iniciando outra, que é e simultaneamente não é a mesma, pois a ela sempre se acrescenta algo. Daí os seis travessões instauradores do espaço de interlocução na abertura reaparecerem na última página, anunciando ao leitor não um desfecho, uma conclusão, mas a possibilidade de voltar ao começo do livro, ao tempo das origens ancestrais rememoradas por G. H. e assim re-ler, re-ver, re-conhecer o incognoscível, num exercício de volta que também é avanço, pois se a escritura-uroboro fracassa em sua tentativa de (des)velamento do Ser, este mesmo fracasso a converte em Ser que jamais se (des)vela totalmente, pois exprime o desejo impossível de – por meio da expressão – tocar o inexpressivo, de, na e pela linguagem, esboçar/roçar um silêncio que é busca de totalidade significativa. Busca da obra plena, sempre almejada e sempre inatingível, como a leitura plena. Aquela que nos faria efetivamente "reescrever o texto da obra dentro do texto de nossas vidas"[50], (re)viver o ritual, tornando viva a escrita de Clarice e reatualizando a sua constatação de que ganha na releitura, o que de fato é um alívio, não apenas para ela.

---

50. Scholles, 1991: 25.

3

A Fortuna Crítica de *A Paixão Segundo G. H.*

OS (DES)CAMINHOS DA CRÍTICA LITERÁRIA EM TORNO DE *A PAIXÃO SEGUNDO G. H.*

Estou entrando num campo onde raramente me atrevo a entrar pois já pertence à crítica. Mas é que me surpreende um pouco a discussão sobre se um romance é ou não romance. No entanto as mesmas pessoas que não o classificam de romance falam de seus personagens, discutem seus motivos, analisam suas soluções como possíveis ou não, aderem ou não aos sentimentos e pensamentos dos personagens. O que é ficção? É, em suma, suponho, a criação de seres e acontecimentos que não existiram realmente mas de tal modo poderiam existir que se tornam vivos. Mas que o livro obedeça a uma determinada forma de romance – sem nenhuma irritação, *je m'en fiche*. Sei que o romance se faria muito mais romance de concepção clássica se eu o tornasse mais atraente, com a descrição de algumas das coisas que emolduram uma vida, um romance, um personagem, etc. Mas exatamente o que não quero é a moldura. Tornar um livro atraente é um truque perfeitamente legítimo. Prefiro, no entanto, escrever com o mínimo de truques. Para minhas leituras prefiro o atraente, pois me cansa menos, exige menos de mim como leitora, pede pouco de mim como participação íntima. Mas para escrever quero prescindir de tudo o que eu puder prescindir: para quem escreve, esta experiência vale a pena.

Por que não ficção, apenas por não contar uma série de fatos constituindo um enredo? Por que não ficção? Não é autobiográfico nem é biográfico, e todos os pensamentos e emoções estão ligados a personagens que no livro em questão pensam e se comovem. E se uso esse ou aquele material como elemento de ficção, isto é um problema exclusivamente meu. Admito que desse livro se diga como se diz às vezes de pessoas: "Mas que vida! Mal se pode chamar de vida".

Em romances, onde a trajetória interior do personagem mal é abordada, o romance recebe o nome de social ou de aventuras ou do que quiserem. Que para o outro tipo de romance se dê um outro epíteto, chamando-o de "romance de..." Enfim, problema apenas de classificação.

Mas é claro que *A Paixão Segundo G. H.* é um romance[1].

Observando a já caudalosa fortuna crítica da obra de Clarice Lispector, é possível identificar três grandes vertentes da tradição crítica que englobam o conjunto da produção da escritora, classificando-as, de acordo com seu enfoque teórico principal, como crítica feminista, crítica psicanalítica e crítica centrada na obra enquanto reflexão sobre a linguagem. Desta última vertente fazem parte as já clássicas abordagens filosóficas e as propriamente literárias.

Neste capítulo, dedicado especificamente à recepção crítica de *PSGH*, detenho-me no assunto, embora sem elaborar um estudo completo sobre a extensa metalinguagem publicada a respeito desta que é uma das obras de Clarice mais examinadas pela crítica, não apenas no nível nacional[2].

Na verdade, resenho alguns textos fundamentais constitutivos desse *corpus*, privilegiando certos aspectos do romance que têm suscitado considerações curiosamente conflitantes e, por isso, reveladoras do "choque" que *PSGH*, ainda hoje, parece provocar nos discursos que se propõem a dar conta de sua complexidade.

De início, pode-se afirmar que a publicação de *PSGH*, em 1964, renovou o impacto provocado na crítica pelo romance de estréia de Clarice Lispector, *Perto do Coração Selvagem*, de 1943. Observemos sucintamente o percurso entre uma obra e outra, a

1. Lispector, *A Descoberta do Mundo*, 1999: 270-271.
2. Como sabemos, os livros de Clarice Lispector têm sido traduzidos em várias línguas, crescentemente despertando o interesse da crítica estrangeira, da qual destaco os nomes de Claire Varin (Canadá), Hélène Cixous (França) e Earl Fitz (EUA).

fim de contextualizar tal afirmação e alguns de seus desdobramentos.

No final de 1943, ao destacar o recém-publicado *Perto do Coração Selvagem* como "tentativa impressionante para levar nossa língua canhestra a um pensamento cheio de mistério", Antonio Candido[3] enfatizou, na escritora estreante, "a capacidade de fazer da língua um instrumento de pesquisa e descoberta", o que a contrastava com o "conformismo estilístico" de nossos escritores de língua portuguesa.

As afirmações do crítico sobre a ficção de Clarice como "instrumento real do espírito", como criadora de "imagens novas, novos torneios, associações, diferentes das comuns e mais fundamente sentidas", dotando a língua do "mesmo caráter dramático que o entrecho", instituem uma linhagem crítica que de certo modo reconhece o caráter de "obra de exceção", de "nobre realização", de "performance da melhor qualidade", particularmente de *Perto do Coração Selvagem*, mas que se estenderia, não sem vozes dissonantes, a outras produções da escritora.

Este tom elogioso, e ao mesmo tempo consciente da já mencionada "trágica solidão de Clarice Lispector em nossas letras modernas"[4], é retomado por Sérgio Milliet[5], que, num texto de janeiro de 1944, enfatiza a "alegria da descoberta" da jovem escritora, cujo romance o "enche de satisfação", pelo "estilo nu", pela "linguagem pessoal, de boa carnação e musculatura", marcada pela "adjetivação segura e aguda, que acompanha a originalidade e a fortaleza do pensamento, que os veste adequadamente", numa "harmonia preciosa e precisa entre a expressão e o fundo". Tais elementos, dentre outros, levam o crítico a conside-

---

3. Candido, 1977: 123-131.
4. A conhecida expressão é de Alceu Amoroso Lima e foi publicada na "orelha" de *O Lustre* (Ed. Agir: 1943); ela se completa com outras afirmações igualmente certeiras: "Ninguém escreve como Clarice Lispector. Clarice Lispector não escreve como ninguém. Só seu estilo mereceria um ensaio especial. É uma clave diferente, à qual o leitor custa a adaptar-se".
5. Milliet, 1981: 27-32.

rar *Perto do Coração Selvagem* nossa "mais séria tentativa de romance introspectivo".

Álvaro Lins[6], em fevereiro do mesmo ano, inaugura a referida corrente que coloca a obra de Clarice como exemplo de ficção "feminina", pelo seu "potencial de lirismo e narcisismo", pela "presença visível e ostensiva da personalidade da autora, em primeiro plano, na personagem Joana". Para o crítico, a mencionada obra de estréia revela o surgimento de uma escritora "estranha, solitária e inadaptada". Além disso, Lins também inaugura, no mesmo texto, a chamada "crítica das influências", na medida em que vê *Perto do Coração Selvagem* como "a primeira experiência definida que se faz no Brasil do moderno romance lírico", dentro do espírito e da técnica de James Joyce e Virginia Woolf. Mas, a despeito desta originalidade, considera que o primeiro livro de Lispector possui problemas de estruturação, constituindo um romance "inacabado", revelador de uma "experiência incompleta".

Retomando a discussão, Roberto Schwarz[7], em 1959, reavalia a "falta de nexo entre os episódios" de *Perto do Coração Selvagem*, entendendo-a como um "princípio positivo de composição". Cria, então, o conceito de "romance estrelado" para definir uma obra na qual os "momentos brilham lado a lado sem articulação cerrada". Entretanto, aponta duas falhas no romance: a tentativa de verossimilhança presente em seu desfecho, por meio da "explicação da viagem de Joana a partir de uma longínqua herança paterna", a qual provoca "a conseqüente ligação dos episódios" e, além disso, o fato de que "nalguns pontos, a visão anterior usada para mostrar Joana é usada também para mostrar outras personagens, que se tornam então irremediavelmente semelhantes à figura principal".

Por meio da menção a tais leituras, que podemos considerar exemplares da acolhida de Clarice Lispector nas letras nacionais, é indiscutível a necessidade de reconhecer que, se por um lado ela foi "unanimemente lida e recebida como 'novidade', ganhando

---

6. Lins, 1963: 186-193.
7. Schwarz, 1981: 53-57.

imediato lugar de destaque", por outro provocou "um inevitável desnorteamento de pressupostos críticos"[8].

Uma coisa e outra, ou seja, tanto o entusiasmo quanto o estranhamento da crítica reeditaram-se na ocasião da publicação de *PSGH*, quando também foi publicada *A Legião Estrangeira*, cuja primeira edição reúne contos e crônicas. Antes disso, dois livros de contos (*Alguns Contos*, 1952; *Laços de Família*, 1959) e mais três romances (além de *Perto do Coração Selvagem*), já haviam aparecido: *O Lustre* (1946), *A Cidade Sitiada* (1949) e *A Maçã no Escuro* (1961). Enquanto os dois primeiros "passaram quase que despercebidos do grande público, mas igualmente receberam avaliações divergentes da crítica"[9], o terceiro, segundo Benedito Nunes[10], foi lido "sob o influxo" da coletânea de 1959, *Laços de Família*, que para o crítico "inaugurou uma nova fase de recepção" da obra de Clarice, fazendo que ultrapassasse "o reduzido círculo que inicialmente atingia" e despertando interesse pelos referidos romances.

Enfim, nos pareceres críticos rastreados em torno de *Perto do Coração Selvagem* pudemos destacar aspectos iluminadores do entusiasmo e do estranhamento que a obra de estréia da autora deflagrou, no primeiro caso bastando lembrar o reconhecimento praticamente unânime da alta qualidade artística da linguagem, em consonância com a originalidade do pensamento, e no segundo o inacabamento do romance, sua propensão lírica e narcísica, a invasão da personalidade da autora na criação da personagem, a não distinção do narrador entre protagonista e demais personagens, a ambigüidade entre falta e busca de nexo no enredo etc.

Ainda a título de introdução ilustrativa à discussão da recepção crítica de *PSGH*, lembremo-nos de mais algumas opiniões exemplares, isto é, que foram publicadas na época de surgimento dos demais romances de Clarice, anteriores a *PSGH*, e que de cer-

---

8. Martins: 1997: 57 (b).
9. Edição crítica de *PSGH* – Nunes: 1996: 198.
10. *Idem*: 196 (*apud* Benjamin Abdala Júnior e Samira Youssef Campedelli).

ta forma ainda ecoam nos trabalhos mais recentes sobre a produção da escritora.

Sobre *O Lustre*, Gilda de Mello e Souza[11], num texto de 1946, aponta uma questão importante: para ela, não é possível conciliar "os processos estilísticos da poesia", que encontra na referida obra, caracterizada por "linguagem anímica", "violentação do sentido lógico da frase" e "anotação do excepcional", com o que lhe parece central no romance: ser "romanesco e discursivo". A não aceitação deste "empréstimo de um gênero a outro" por parte da estudiosa coincide com o parecer de Sérgio Milliet[12], escrito dois anos antes e por ela mencionado.

Se em relação a *O Lustre* Milliet[13] aludira ao "estilo exuberante" de Clarice, à "volúpia da palavra, da frase, do som e da cor", como fatores responsáveis por uma "permanente" e por vezes "exaustiva sinfonia", em 1949[14], ao se referir ao *A Cidade Sitiada*, considerado o mais estranho e de difícil análise dos romances da escritora, o crítico radicaliza seus reparos. Para ele, aqui "a forma virou fórmula", ou seja, o "rococó mascarou com sua interminável série de ornamentos a escritura da obra, impedindo-nos de perceber e penetrar-lhe o espírito".

Em "O Vertiginoso Relance"[15], originalmente publicado em 1963, Gilda de Mello e Souza escreve um belo ensaio sobre *A Maçã no Escuro*, que se transforma em paradigma da linhagem crítica que relaciona ao feminino o texto de Lispector. Neste trabalho destaca "a vocação da minúcia" e "o apego ao detalhe sensível na transcrição do real" como aspectos essenciais do universo feminino, ligados à "posição social da mulher".

Após configurá-lo como "um universo de lembrança e de espera", como um universo que necessariamente se atém "ao espaço

11. Souza, 1989: 171-175.
12. Milliet, 1981: 27-32.
13. *Idem, ibidem*.
14. Milliet (*apud* Sá), 1983: 29.
15. Souza, 1980: 79-91.

confinado em que a vida se encerra", dele extrai o termo "olhar de míope" para caracterizar o modo de apreensão do real que propicia. Um modo no qual "as coisas muito próximas adquirem uma luminosa nitidez de contornos".

Então, coloca *A Maçã no Escuro* como uma "admirável" expressão artística desta "miopia", que lhe permite "penetrar no que há de escondido e secreto nas coisas, nas emoções, nos sentimentos, nas relações entre os seres".

A apreensão do "instante exemplar a olho nu, sem subterfúgios, num vertiginoso relance" constitui, para a crítica, o objetivo de Lispector, que "se debruça atenta sob o fluir do tempo", desejando transmitir ao leitor a sensação "de estar presente no momento em que acontece o que acontece". Para Gilda, que denomina Lispector a "romancista do instante", ela "tem a convicção de que olhadas de perto as coisas não têm forma, e que olhadas de longe as coisas não são vistas e que para cada coisa só há um instante".

Tais considerações conduzem à formulação de uma questão crucial que reconhecidamente envolve a leitura do conjunto da produção de Lispector: "De que modo apreender a realidade, se o próprio ato de apreensão destrói magicamente o objeto percebido, despojando-o de toda a sua riqueza diferenciadora?"

Enfim, *A Maçã no Escuro*, apresentada como fato-exemplo da referida tensão, a revela, de acordo com a ensaísta, numa oscilação constante e dilacerada entre tentativa e renúncia: por meio de locuções temporais, de proliferação de imagens, de encadeamento de comparações, dentre outros procedimentos estudados, como descrever as coisas "pelo avesso", detendo-se "não no que os sentidos apreendem, mas no que deixam escapar", o que implica evitar "as zonas de luz" e se perder "na imprecisa área de sombra onde os contornos submergem", "essa caçadora de colibris tenta aprisionar o que há de mais arisco e impreciso".

Estudando a figura de Martim, o herói do romance, cujo crime cometido não importa em si mesmo, mas é abstrato, na medida em que significa "a última tentativa de um homem alienado conquistar a liberdade", por meio da ruptura de todos os compromissos, da destruição da ordem estabelecida, do abandono do pensamento e da palavra, a ensaísta apresenta a imagem do "homem em greve de sua própria humanidade". Ou seja, um homem que "nasce" e se torna "inocente" – e portanto livre "de toda sujeição" – a partir do crime. Entretanto, a travessia deste homem que nos surge pela negação, pelo avesso, pela oposição aos valores do processo civilizatório revela-se fracassada, uma vez que ele inevitavelmente "restabelece os contatos com o mundo" e assim "volta à sujeição", o que demonstra ser impossível a liberdade do ser em relação aos desígnios inerentes à sua condição.

No término de seu trabalho, visivelmente fascinada pela complexidade da experiência existencial de Martim e pela originalidade artística com que Lispector a enuncia, Gilda de Mello e Souza dialetiza sua análise, apontando a contrafacção da "perfeição" de certos trechos da obra, conseguida pela peculiar apreensão do real que viu na escritora. Sua captação do tempo e da matéria profunda da vida "através de lampejos" "é também o principal entrave com que terá que lutar ao construir um todo orgânico". Ou seja, para ela os "momentos excepcionais" pelos quais o livro lhe parece valer pecam em sua organização dentro da estrutura novelística, o que de imediato faz com que nos lembremos da concepção de "romance estrelado" proposta por Schwarz. Embora referente a outra obra de Lispector, nesta concepção encontramos uma visão crítica que associa desagregação com qualidade, ao vê-la como princípio compositivo.

Olhando sinteticamente os últimos pareceres mencionados, podemos reconhecer que, na recepção crítica que acompanhou a publicação dos romances posteriores à estréia literária de Clarice e anteriores ao surgimento de *PSGH*, mantém-se o reconhecimento da singularidade dos procedimentos estilísticos da autora, de um modo geral identificados à produção poética. Tais procedimentos, entretanto, parecem provocar certo "incômodo", na medida em que aparecem num gênero por natureza discursivo, narrativo, mais afeito à prosa: o romance. Neste sentido, destacamos o ensaio de Gilda de Mello e Souza, não apenas por se referir ao roo humano, e que constitui a revelação maior da obra. Como já foi dito, tal realidade adquire visibilidade, por meio de uma imagem: no olhar dos retratos de praia e de viagem G. H. vê o Mistério, o abismo, o silêncio neutro e inexpressivo do mundo inumano: "Olhava de relance o rosto fotografado e, por um segundo, naquele rosto inexpressivo o mundo me olhava de volta também inexpressivo"[49].

Na imagem da fotografia, então, há uma forma que carrega o seu oposto, o seu avesso, ou seja, a imagem, que é o outro, revela o mesmo, na medida em que o torna objetivo, fazendo que o momento de ver seja simultaneamente o de ser visto. Essa reciprocidade eu-mundo – que subverte e mesmo apaga a relação sujeito-objeto e, com ela, o sustentáculo maior que rege o processo civilizatório: o pressuposto racionalista da superioridade do homem em relação aos outros seres e conseqüentemente sua posição de sujeito potente perante o universo natural – constitui um dos elementos essenciais para a compreensão da travessia de G. H. e do texto clariceano em geral.

Nele há um obscurecimento dos limites que contornam, separam e diferenciam os seres, do qual resulta uma zona de indiferenciação entre o mesmo e o outro. Assim, pela ausência de certezas egológicas apaziguadoras, pelo sentimento de carência de completude, pela consciência da impossibilidade ontológica de desvendar o próprio eu sem ser fulminado, a escritora articula seus temas maiores, sempre recorrentes: a busca da verdade, do sentido, da identidade do Ser.

Esses temas, por sua vez, só podem ser expressos, corporificados, instaurados pela linguagem e pela forma; neste sentido, elementos de alteridade com os quais G. H. tenta, fatalmente e de modo indireto, ao mesmo tempo ver e ver-se, já que uma coisa não existe sem a outra.

Então, em *PSGH*, a escultora obcecada pela forma é uma imagem, uma máscara de alteridade da escritora, cujo destino, como

---

49. *Idem*: 18.

o de G. H., é inventar uma forma que "contorne o caos"[50], que dê construção à "substância amorfa"[51], e que, assim, torne visível o invisível, ou seja, crie imagens ficcionais que lhe (nos) permitam experienciar a realidade mais profunda do Ser.

Se a máscara de Lispector em *PSGH* é uma escultora cujo nome se reduz às iniciais G. H., por meio dela a escritora esculpe uma travessia singular, cujos momentos mais importantes é preciso verificar.

UMA FORMA QUE É FEITA DE SUAS FORMAS OPOSTAS

Toda a parte mais inatingível de minha alma e que não me pertence – é aquela que toca na minha fronteira com o que já não é eu, e à qual me dou. Toda a minha ânsia tem sido essa proximidade inultrapassável e excessivamente próxima. Sou mais aquilo que em mim não é.

Eu, corpo neutro de barata, eu com uma vida que finalmente não me escapa pois enfim a vejo fora de mim[52].

O elemento fundamental que deflagra a experiência introspectiva em *PSGH* é o olhar fascinado, a focalização de algo exterior ao sujeito, que tem o poder de espelhá-lo, de fazê-lo ver e simultaneamente ver-se como imagem, o que configura um procedimento estético ligado ao primado da percepção, em que os atos de ver/viver ultrapassam o de entender/compreender, optando pela "inutilidade" da visão, em detrimento do "utilitarismo" das racionalizações[53].

Esse meio de fascinação, onde o que se vê empolga a vista e torna-a interminável, onde o olhar se condensa em luz, onde a luz é o fulgor

50. *Idem*: 11.
51. *Idem*: 11.
52. *Idem*: 79-80; 43.
53. Uma abordagem da obra de Lispector que aprofunda a relação dos textos da escritora com um procedimento estético baseado no primado da percepção pode ser encontrada em Pontieri (1999).

absoluto de um olho que não vê mas não cessa, porém, de ver, porquanto é o nosso próprio olhar no espelho, esse meio é, por excelência, atraente, fascinante: luz que é também o abismo, uma luz onde a pessoa afunda, assustadora e atraente[54].

Há na obra um jogo de projeções que ocorrem por meio deste contato à distância que se converte em (re)encontro, (re)descoberta – (re)conhecimento do outro e (re)conhecimento do mesmo via identificação com o outro – sendo esse por excelência o processo de percepção que desencadeia seu movimento mais importante: a partir e por meio do "de fora" (a imagem) chegar ao *de dentro* (a matéria viva) e conseguir tocá-lo.

Para tematizar o mundo inexpressivo e neutro da matéria viva em *PSGH*, Clarice Lispector criou uma escultora inicialmente alienada, reificada, que, ao longo da obra, vivencia uma experiência intransitiva, irracional, dominadora, uma experiência que a fará "por um átimo" sair do enrijecimento de uma exterioridade vazia e chegar ao "informe" da vida em estado bruto. Ou seja, sua travessia corresponde a um movimento contrário ao da petrificação em que se encontrava, por meio do confronto com uma barata, que, nesse contexto, significa o mito de medusa às avessas, pois lhe permite a recuperação não apenas de si própria, mas "de um mundo todo vivo, que tem a força de um inferno"[55].

Este processo implica necessariamente perda de identidade, indefinição/indiferenciação de limites. Neste sentido, a travessia de G. H. pode ser considerada um percurso extremamente solitário, pois o que ela vivenciou a ultrapassa como ser humano. Entretanto, o mergulho introspectivo de G. H. só poderia ser integrado a sua existência se o seu *pathos* fosse convertido em pensamento e, conseqüentemente, em linguagem.

Assim, a experiência de G. H., de intransitiva, informe e desagregadora de valores e atributos humanos, em suma, de experiên-

---

54. Blanchot, 1987: 23-24.
55. Edição crítica de *PSGH* – Nunes, 1996: 16.

cia em que o eu se apaga, converte-se em busca de transitividade, de forma e de agregação.

Desde o título, que aproxima o romance do contexto bíblico, já se anuncia o processo do desdobramento do mesmo em outro e simultaneamente a tematização do sagrado.

Como nos Evangelhos do Novo Testamento, estamos diante do drama da paixão. Mas esse *pathos* não se refere diretamente ao filho de Deus do cristianismo. Quem o viveu é o mesmo sujeito que o relata: uma mulher cujo nome se confunde com suas iniciais e que, à primeira vista, não parece possuir a exemplaridade dos evangelistas, os seres escolhidos para revelar o divino, na medida em que se trata de um eu mutilado, de uma personificação do ser humano reificado. No entanto, é essa mulher quem substitui não apenas os evangelistas, mas a própria figura de Jesus Cristo, ocupando o espaço do sujeito que se deixou atravessar pelo sagrado, que provou o conhecimento da divindade e que se reconheceu como fruto/parte dela.

Se "a aparição de Deus neste mundo realizou e certificou a conciliação do espírito consigo mesmo, a história absoluta, o advento da verdade, o conteúdo desta conciliação consiste simplesmente na união da verdade absoluta e da subjetividade individual humana: todo homem é Deus e Deus é um homem individual"[56]. A realização dessa união, na consciência religiosa dos românticos, dá-se por meio de Jesus Cristo: um homem que

se despoja da sua individualidade espiritual e carnal, isto é, que sofre e morre, mas que o faz ultrapassando os sofrimentos e a morte e ressuscitando como Deus aureolado de glória, como espírito real que, se ainda tem enquanto sujeito determinado uma existência individual, na realidade e essencialmente é, no seio da comunidade a que pertence, corpo e espírito[57].

Assim, podemos pensar que a exemplaridade de G. H. dá-se pelo avesso, ou seja, ela pode ocupar o espaço de Cristo, e, como

56. Hegel, 1996: 587.
57. *Idem*: 588.

ele, sofrer e morrer, ultrapassando os sofrimentos e a morte, assim como pode revelar a "história absoluta", o "advento da verdade", exatamente por ser um contorno humano vazio, no qual cabem todos os outros, ou, como todos os outros, uma moldura à espera de substância.

Esta substância, em termos cristãos, corresponde ao espírito divino, o qual, encarnado no corpo de Cristo, exemplifica a união do absoluto e da subjetividade individual humana, constituindo uma verdade transcendente. Já em *PSGH*, essa substância, simbolizada pela massa branca da barata ingerida por G. H. em comunhão sacrílega, constitui a vida neutra, inexpressiva e insossa com a qual a personagem-narradora ritualisticamente se funde.

Ao fazê-lo, ela vivencia a tentativa dramática de, pela devoração canibal, apossar-se de seus atributos, igualmente exemplificando a união do absoluto e da subjetividade individual humana, mas em sentido que se opõe ao cristão, já que o reino em que penetra possui características infernais para o humano, na medida em que desconstrói todos os alicerces em que se funda o processo civilizatório, invertendo-lhes os significados habituais: "o divino, para mim, é o real"[58].

Desde o processo enunciador de *PSGH*, que manipula uma série de paradigmas centralizados nas idéias de organização/desorganização, revela-se a existência de um jogo no qual elementos contrários articulam-se dialeticamente, destituindo as polarizações fundadoras do processo civilizatório do mundo cristão ocidental e assim elucidando uma das chaves interpretativas da obra: "uma forma feita de suas formas opostas".

Deste modo, o movimento da personagem G. H. é atravessar o caminho oposto ao do "pólo humano cristão": ela volta ao início do mundo, onde adquire reciprocidade com todos os outros seres vivos. Tal travessia se efetua pela única via possível de acesso ao eu, no texto clariceano: a identificação com o outro. Não o(s) que a espelharia(m) superficialmente, os seus pares. Para que o outro

---

58. Edição crítica de *PSGH* – Nunes, 1996: 108.

funcione como meio real de desvendamento do mesmo, ele precisa ser o seu oposto: a sombra, o estranho, o excluído, a alteridade propriamente.

Assim, G. H. entra no (i)mundo se isentando de seu mundo, por meio de imagens de alteridade que funcionam como o contrário de sua auto-imagem, como se vê desde a descrição do apartamento, localizado na cobertura de um edifício de 13 andares, onde vive: "como eu, o apartamento tem penumbras e luzes úmidas, nada aqui é brusco; um aposento precede e promete o outro. Tudo aqui é a réplica elegante, irônica e espirituosa de uma vida que nunca existiu em parte alguma: minha casa é uma criação apenas artística"[59].

Em oposição a ele, o quarto da empregada, que se transforma no cenário da visão, "tinha uma ordem calma e vazia, parecia estar em nível incomparavelmente acima do próprio apartamento", "não era um quadrilátero regular: dois de seus ângulos eram ligeiramente mais abertos"[60]. Ou seja, de um lado há simetria, organização, arte, em sentido claramente irônico, que lembra enfeite, adorno, superficialidade. Do outro lado, por sua vez, há o avesso disso tudo: desorganização, assimetria, irregularidade.

A viagem introspectiva de G. H. se anuncia já no movimento de deslocar-se em direção a este espaço marginal, onde não entrava há seis meses. Após demitir aquela que fora sua última ocupante, a empregada Janair, ela resolve limpá-lo, como parte de um projeto maior: o de arrumar toda a casa e deste modo arrumar-se, dando-se um grande prazer. Assim, a idéia de limpeza de G. H. abrange do quarto de Janair – o lado do apartamento oposto ao que ocupa – ao *living*: "Da cauda do apartamento iria aos poucos 'subindo' horizontalmente até o seu lado oposto, que era o *living*, onde – como se eu própria fosse o ponto final da arrumação e da manhã – leria o jornal, deitada no sofá, e provavelmente adormecendo"[61].

---

59. Edição crítica de *PSGH* – Nunes, 1996: 60.
60. *Idem*: 26-27.
61. Edição crítica de *PSGH* – Nunes, 1996: 23-24.

No entanto, é exatamente ao contatar o espaço que lhe é oposto que ela se vê, o que sugere um desvendamento, um reconhecimento, da organização falsa e simulada do *living*. Assim, o ato de arrumar com o qual habitualmente a escultora substituía o de entender transforma-se em seu contrário: "o mau gosto da desordem de viver", tanto quanto o cenário onde se processa a visão converte-se no contrário do que era G. H.: "a violentação de minhas aspas, o retrato de um estômago vazio"[62].

Às 10 horas da manhã de um dia que se promete "pesado e bom e vazio"[63], G. H. começa a ter antevisões da visão: a visão para fora da cobertura, da qual se "domina uma cidade", converte-se em "visão de despenhadeiro", em "algo da natureza terrível geral"[64]; a visão do apartamento torna-se visão de "uma ruína egípcia"[65]. Ou seja, há uma travessia da (falsa) organização/dominação, à desorganização/submissão, sugerindo que a *verdade* reside naquilo que é irregular, disforme, assimétrico.

Já no quarto, o que captura G. H., em primeiro lugar, é a visão do inesperado: expoliado de sua função de depósito, ele se convertera num "aposento todo limpo e vibrante", num "minarete", num "deserto", em cuja parede há um enigmático desenho: "estava quase em tamanho natural o contorno *a* carvão de um homem nu, de uma mulher nua, e de um cão que era mais nu do que um cão"[66].

Este quarto-templo, caverna ancestral, abriga figuras que parecem incrustadas na parede pela rigidez das linhas; que, "petrificadas" e "soltas no espaço", assemelham-se a "aparições de múmias", de "zumbis", sem ligação uma com a outra; que dão a impressão de resultar de um "porejamento gradual do interior da parede".

62. *Idem*: 29.
63. *Idem*: 23.
64. *Idem*: 21.
65. *Idem*: 25.
66. *Idem*: 27.

A reação de G. H. diante do desenho hierático é reconhecê-lo como "mensagem bruta" deixada pela empregada, como uma escrita na qual G. H. se vê/se lê: "Olhei o mural onde eu devia estar sendo retratada... Eu, o Homem"[67].

Janair, de cujo rosto a escultora não se lembra, emerge, então, em sua memória, como "a primeira pessoa realmente exterior de cujo olhar ela toma consciência". Deste modo, em relação a G. H., ela representa ao mesmo tempo uma alteridade social e racial: trata-se do outro excluído:

escura e invisível, tem traços finos e delicados, traços de rainha.

Achatada como um baixo-relevo preso a uma tábua, quase reduzia-se à forma exterior. E fatalmente, assim como era, assim deveria ter me visto? Abstraindo daquele meu corpo desenhado na parede tudo o que não era essencial, e também de mim só vendo o contorno[68].

No quarto nu e esturricado, em cuja porta G. H. se sente fixada, localizada, há uma cama com colchão repleto de manchas antigas, três malas com suas iniciais quase desaparecendo e um guarda-roupa de uma só porta, que ela resolve abrir para jogar água e assim "pôr umidade no deserto"[69].

Ao fazê-lo, surge a barata: "gota de matéria imemorial"[70], ela intensifica em G. H. os sentimentos contraditórios e extremos que já haviam sido desencadeados pelas ousadias de proprietária de Janair.

G. H., assim como aos poucos se lembrara da empregada, lembra-se de sua infância pobre e cheia de insetos, o que lhe transforma a irritação em ódio, repulsa, desalento, medo e simultaneamente grande coragem: aquela responsável pela conversão da cólera em desejo de matar.

Assim, o processo de conversão de G. H. a uma nova percepção, a um reconhecer-se como nunca até então se ousara conhe-

---

67. *Idem*: 28.
68. *Idem, ibidem*.
69. *Idem*: 30.
70. *Idem*: 32.

cer, a uma indiferenciação entre o ato de ver e a coisa vista, dá-se por identificação com as figuras na parede e mais profundamente com a barata, que parece representar

> um limiar, uma transição, uma passagem estreita como a garganta da caverna, que liga o profano com o sagrado, o cotidiano com o sobrenatural, o presente com o passado e o futuro, a vida com a morte[71].

Este animal, cujas características identificam-se com as de Janair, pode ser interpretado como um duplo da "rainha africana", mas ao mesmo tempo significa um ser ancestral, mais radicalmente outro em relação a G. H., pois representa a alteridade em termos de espécie.

Por sua vez, o relato do confronto de G. H. com a barata envolve o leitor de tal modo que o conduz ao mesmo tipo de experiência, na medida em que, como um xamã, como Orfeu:

> Sua função é a de arrastar as pessoas para uma travessia, durante a qual elas se desprendem das referências do dia-a-dia, e assim, inseguras, assustadas, confusas, se entregam à sua orientação, vivendo um modo superior, mais elevado de experiência, para retornarem depois transformadas pela vertigem do sagrado, que lhes ficará impresso na memória pelo resto de suas vidas[72].

De modo semelhante ao do xamã que, ao longo de seu transe, se conecta com a divindade, procurando revelar-lhe os mistérios por meio de enigmas, G. H. procura traduzir em linguagem humana o intraduzível, vislumbrado na imagem da barata: "pequeno crocodilo lento", "cariátide viva"[73], ela é a "máscara" da presença do Deus, o "invólucro" que permite a manifestação do sagrado.

O processo que gera a revelação do sagrado na obra é o fascínio do olhar capturado pelo outro que ao mesmo tempo repugna

---

71. Sevcenko, 1988: 125.
72. Idem, ibidem.
73. Edição crítica de *PSGH* – Nunes, 1996: 51; 36.

e atrai, pois se trata do avesso, do oposto, do reflexo medusante de um eu cujo *pathos* é se deixar arrastar, incorporando os olhos pelos quais vê, é visto e, ao relatar/reviver o ritual, faz ver, ainda aqui em proximidade com a figura do xamã: "o detalhamento mais impressionante são os olhos. São órbitas imensas e arredondadas como as de uma coruja, deslocados numa posição estrábica e diretamente fincada no observador"[74].

Na medida em que a sedução acontece, o eu de G. H., reduplicado no eu do leitor, se desintegra, em direção oposta à petrificação: seu molde interno (corpo, forma, linguagem, sentimentos e atributos humanos) se arrebenta, simultaneamente arrebentando/violando todas as interdições: a Lei, os regulamentos, em suma, a civilização judaico-cristã ocidental.

Estudando as raízes xamânicas da narrativa, Nicolau Sevcenko conclui que "o princípio é exatamente o mesmo entre a arte xamânica e a arte de iniciação órfica"[75]. Ambos os princípios parecem ecoar na travessia vivida e relatada de G. H., pelo seu caráter de ritual que envolve retorno ao tempo das origens míticas, revelação do sagrado, descida ao inferno, busca de identidade por meio da alteridade mais radical.

Em *PSGH*, o inferno experimentado pela protagonista opõe-se ao cristão, pois nele as questões metafísicas se transferem para o real. Assim, "o mal reveste-se – aos poucos – [...] de carga positiva, reforçada pelo acúmulo semântico de vocábulos ligados à idéia de força, potência; Eros e Tanatos confundem-se, já que a ânsia de matar o Outro é, na verdade, pulsão de vida, desejo desperto de fazer viver o Eu, ritualisticamente. Antes de matar a barata, era preciso matar o falso-eu, o eu-casca"[76]:

Sem nenhum pudor, comovida com a minha entrega ao que é o mal, sem nenhum pudor, comovida, grata, pela primeira vez eu estava sendo

74. Sevcenko, 1988: 125.
75. *Idem, ibidem.*
76. Martins, 1998: 15 (a).

a desconhecida que eu era [...]; [...] eu fizera de mim isto: eu matara. Eu matara! Mas por que aquele júbilo? Há quanto tempo então, estivera eu por matar? [...] o que matara eu?[77]

No mundo "extremamente recíproco"[78] de G. H., onde as baratas e as pessoas são invólucros da mesma força de vida aparentemente mansa mas que mata sem punição/remissão, bem e mal não passam de contingências a que nós, seres humanos, atribuímos sentido positivo e negativo, uma vez que "a moral é o freio que um homem, inserido em uma ordem conhecida, se impõe (o que ele conhece são as conseqüências de seus atos): o desconhecido arrebenta o freio, abandona as conseqüências funestas"[79].

Do mesmo modo, todos os outros pares de opostos com os quais G. H. vai designando sua travessia são reversíveis: o mal que a deflagra (o ódio, o desejo de matar) é um bem (pois lhe permite acontecer), o horror é glória etc.

Enfim, os paradoxos que atravessam o livro colocam em jogo uma auto-análise dialética, em que os sentidos se invertem para serem mais verdadeiramente o que são, para significarem mais verdadeiramente o que significam, pois representam a dualidade de pontos de vista que a travessia de G. H. implica: o sentido humano *versus* o não sentido de um mundo anterior, maior e melhor que o humano.

Desta forma, assim como a entrada de G. H. no reino da matéria viva foi deflagrada por uma desistência de lutar, por uma entrega ao que é maior do que ela (o sabor como forma de saber; a provação como modo de ter acesso ao mundo: prová-lo mas ao mesmo tempo ser provado por ele), a condição de sua volta à espécie humana é igualmente desistir: substituir o ato máximo pelo ato ínfimo, o heroísmo pela deseroização, o Deus transcendente

---

77. Edição crítica de *PSGH* – Nunes, 1996: 36.
78. *Idem*: 74.
79. Bataille, 1992: 145.

pelo Deus imanente, a pretensão pela humildade: "a realidade vista com um mínimo de bom senso"[80].

Nessa sua nova realidade, em que a redenção na própria coisa lhe prova a impossibilidade de ter o Deus em vez de querer vê-lo, de viver o enigma em vez de explicá-lo – "a explicação de um enigma é a repetição do enigma"[81] – convertendo-o, portanto, em mistério, de ser em vez de pensar e sentir, de ter atitudes em vez de idéias, resta-lhe apenas aceitar a *via crucis* da condição humana a que fatalmente pertence(mos) e usar a linguagem não como expressão, mas como modo fatal de alcançar o silêncio.

Ao comentar o mito de Édipo na tragédia de Sófocles, Vernant e Naquet tecem reflexões que me parecem bastante sugestivas para o contexto desta leitura de *PSGH*:

> Última reviravolta trágica: é sua reviravolta sobre a esfinge que faz de Édipo, não a resposta que ele soube adivinhar, mas a pergunta que lhe foi feita, não um homem como os outros, mas um ser de confusão e de caos, o único, dizem-nos, de todos aqueles que andam na terra, no ar e nas águas, a "mudar" sua natureza em vez de conservá-la bem distinta. Formulado pela esfinge, o enigma do homem comporta, portanto, uma solução que, no entanto, se volta contra o vencedor do monstro, o decifrador de enigmas, para fazê-lo aparecer como um monstro, um homem em forma de enigma, e de enigma, desta vez, sem resposta[82].

Se associarmos a esfinge devoradora com a barata, veremos que G. H., como Édipo, ao decifrá-la, isto é, devorá-la, também tentou mudar sua natureza, também transformou-se em enigma de si própria, e, assim, também experimentou ao mesmo tempo a possibilidade de ser um eu e a impossibilidade de compreender-se, de dizer-se. O monstro em que Édipo se converte ao derrotar o monstro constitui o resultado último da vivência de G. H. e constitui, igualmente, a razão de ela se entregar a um dizer-se mais que dificultoso, que no limite se traduz como um dizer impossível,

---

80. Edição crítica de *PSGH* – Nunes, 1996: 103.
81. *Idem*: 86.
82. Vernant & Naquet (1988: 135).

pois implica achar uma nova forma capaz de exprimir o informe, o ser nu das aspas que a reificavam/alienavam/abrigavam de uma realidade anterior e maior que a do homem. A qual, entretanto, não é "vivível" nem "dizível" pelo ser humano.

Assim, como Édipo, G. H. personifica a condição humana; como Édipo ela caminha numa travessia de opostos, na qual o excesso de luz – "a luz que os deuses projetaram sobre Édipo é luminosa demais para que um mortal pudesse fixá-la"[83] – converte-se em cegueira; o excesso de palavras – "a linguagem humana se inverte quando os deuses falam através dela"[84] – roça o silêncio; o excesso de busca de desvendamento do enigma converte-se na estrutura enigmática da obra, e também na sua segunda porta de entrada, chave de leitura, paradoxal fórmula de legibilidade: "a explicação de um enigma é a repetição do enigma", simultaneamente mau infinito – "porque remete ao escoar indefinido do que não sabe nem pode acabar"[85] e mal infinito – por se referir aos limites indefectíveis da condição humana, em sua ânsia de compreensão do mistério da existência.

Neste contexto de ação desmedida, que remete à *hybris*, e portanto à tragédia grega, a primeira porta de entrada, chave de leitura, paradoxal forma de legibilidade – "uma forma que é feita de suas formas opostas" –, a qual estamos vendo atravessar todo o livro, representando um elemento integrador de seus fragmentos, de suas construções sempre perturbadoras, sintetiza o sentido e a direção da travessia de G. H., tanto no ato de ver quanto no de relatá-lo.

Portanto, se enquanto personagem da visão, G. H. caminha rumo ao oposto de si mesma, na medida em que seu percurso parte do não-ser (o ser que é cópia, citação, paródia, simulacro) para dirigir-se ao reino por excelência do Ser, o qual arrebata o seu gesso interno, transformando em carne a pedra em que se ha-

---

83. Vernant & Naquet (1988: 112).
84. *Idem, ibidem*.
85. Pasta Jr., 1999: 65.

via convertido, enquanto narradora, o percurso de G. H. é o mesmo, pois essa realidade indizível, que no entanto passional e apaixonadamente ela não abre mão de dizer, só pode ser expressa de modo negativo, ou seja, por meio daquilo que ela não é: os sentimentos, os atributos, os valores humanos e sobretudo a linguagem e a forma. Assim, o processo narrativo faz-se pelo avesso, configurando uma espécie de anti-romance, que, por sua vez, parece pedir um anti-leitor: como é constituído, ao longo da obra, o leitor segundo G. H.?

2
Monólogo ou Diálogo?

ENTRE O MONÓLOGO E O DIÁLOGO

> *O poeta tem por destino expor-se à força do indeterminado e à pura violência do ser a cujo respeito nada pode ser feito, sustentá-la corajosamente mas também freá-la impondo-lhe moderação, a realização de uma forma. Exigência repleta de riscos [...]. Mas tarefa que não consiste em entregar-se à indecisão mas em incutir-lhe decisão, exatidão, e forma, ou ainda [...] "em fazer coisas a partir da angústia", em elevar a incerteza da angústia à decisão de uma fala justa.*
>
> BLANCHOT, 1987: 142

– – – – – – estou procurando, estou procurando. Estou tentando entender. Tentando dar a alguém o que vivi e não sei a quem, mas não quero ficar com o que vivi. Não sei o que fazer do que vivi, tenho medo dessa desorganização profunda. Não confio no que me aconteceu. Aconteceu-me alguma coisa que eu, pelo fato de não a saber como viver, vivi uma outra? A isso quereria chamar desorganização, e teria a segurança de me aventurar, porque saberia depois para onde voltar: para a organização anterior. A isso prefiro chamar desorganização pois não quero me confirmar no que vivi – na confirmação de mim eu perderia o mundo como eu o tinha, e sei que não tenho capacidade para outro[1].

Por meio de seis travessões, abre-se um espaço textual em que de imediato salta aos olhos a presença de um sujeito em situação de busca. Busca de sentido, e, pode-se acrescentar, de transitividade, na medida em que a voz narrativa associa entender o vivido com dá-lo a alguém, isto é, compartilhá-lo, incorporando na constituição do discurso a sua necessidade de interlocutor. Na verdade, essa busca – de sentido/de interlocução – mais que doação, configura-se como necessidade de "expulsão" de algo intolerável ("não quero ficar com o que vivi"), algo que desorganiza, causa medo, desconfiança ("Não sei o que fazer do que vivi, tenho medo dessa desorganização profunda. Não confio no que me aconteceu") e que, no entanto, ou por causa disso, precisa ser dito, ou seja, realizar-se enquanto forma.

Desta maneira, a figura do leitor/interlocutor, tanto quanto a expectativa de um projeto de elaboração ficcional, emerge no texto, simultaneamente à voz que o enuncia, a qual, de modo obsessivamente insistente – e veremos que também sistemático – convida/convoca a um tipo radical de parceria/participação.

Nesse sentido, desde o parágrafo inicial há um conjunto de elementos que presentificam e "esticam" o ato de dizer/escrever, procurando ao máximo aproximá-lo do ato de ouvir o dito/ler.

Vejamos como se organizam os verbos ao longo da passagem, a fim de verificar-lhe a estruturação discursiva. As locuções verbais, que exprimem atemporalidade, são marcadas pelo gerúndio (forma reveladora de que o fato está sendo gerado no momento da fala) – "estou procurando, estou procurando" – e pelo infinitivo (o qual exprime um fato sem demarcação de limites temporais) – "tentando entender, tentando dar a alguém" –, ou seja, apontam para o fazer-se da enunciação, no calor de seu processo de constituição,

---

1. Neste capítulo, será analisado o capítulo 1 do romance. Edição crítica de *PSGH* – Nunes, 1996: de 9-16.

ampliando-lhe as dimensões temporais. A elas se soma o presente do indicativo, que dá um tom de certeza, de convicção, a declarações reiteradamente negativas – "não quero, não sei, tenho medo." Assim, o que aparece como certeza, como convicção, na verdade é recusa, dúvida, denegação, justificada por uma modalidade verbal que traz à tona a idéia de suposição, por meio do futuro do pretérito (que se refere a um fato futuro mas relacionado com outro, localizado num passado hipotético, que não se realizou ou cuja realização não há como confirmar) – "a isso quereria e teria...".

Este passado, cuja evocação revela-se necessária, mas problemática, é distanciado do momento de enunciá-lo pela recuperação do presente do indicativo e do infinitivo, que reeditam o predomínio da narração, em detrimento do narrado – "a isso prefiro chamar..., não quero me confirmar" –, o qual no entanto volta a aparecer, na mesma forma de suposição, de hipótese, e no mesmo processo de substituição pelo presente: "Na confirmação de mim eu perderia o mundo como eu o tinha, e sei que não tenho capacidade para outro." No parágrafo seguinte, o futuro do subjuntivo subordina hipoteticamente o tempo da escrita às mesmas proposições de caráter condicional – "Se eu me confirmar e me considerar verdadeira, estarei perdida porque não saberei..."

Do ponto de vista de sua estruturação verbal, isto é, no nível da ação, estes parágrafos de abertura de *PSGH* parecem apresentar duas características concomitantes, que se mantêm ao longo do capítulo. Uma delas pode ser explicitada como um jogo, um movimento pendular entre o passado (da experiência vivida), o presente (da tentativa de enunciá-la) e o futuro (da leitura), e a outra consiste no predomínio, articulado com este jogo, da enunciação apresentada como um processo em andamento; o processo constituidor do aqui-agora da escritura, a qual quer se fixar no narrado, ao mesmo tempo em quer se renovar/reviver no aqui-agora da leitura.

Tal configuração discursiva, cujo caráter de impossibilidade é patente, sugere algo importante a respeito da estruturação deste e de outros textos da escritora: a incorporação do fracasso como dimensão inquestionável da estética clariceana, com a qual o leitor se defronta desde o início do processo de leitura.

Além disso, o referido efeito de simultaneidade, em que o fazer-se da escritura almeja coincidir com o fazer-se da leitura, pretendendo indelimitar as fronteiras temporais necessariamente existentes entre ambos, na medida em que o tempo da enunciação se sobrepõe ao do enunciado – vai hipertrofiando o ato de dizer, vai convertendo-o em algo que se assemelha a uma irrupção demiúrgica da escrita.

Instaurada a partir de um passado que parece se configurar como irrepresentável, mas que paradoxalmente vai sendo apresentado por meio desta falha, desta fenda, deste limiar que o aproxima e o distancia da voz que o promete e simultaneamente o posterga, esta irrupção parece constituir a matriz de onde jorram as idas e vindas, os avanços e recuos, as indagações e oscilações que funcionam como um redemoinho, um labirinto que quer trazer à tona o outro projetado no discurso, a imagem de leitor a quem este se dirige, ao mesmo tempo em que quer afastá-lo, num movimento que desliza entre o monólogo e o diálogo, também em ritmo pendular, convertendo a leitura em ritual que revive miticamente o momento gerador da escritura.

O exame minucioso dos parágrafos do capítulo de abertura de *PSGH* torna-se imprescindível para a tentativa de apreender-lhe alguns componentes estruturais, priorizando a imagem de leitor nele presente.

Ainda no primeiro parágrafo, observa-se que uma primeira frase interrogativa aparece posteriormente às quatro declarações de sentido negativo, que configuram a situação de desamparo, de carência, de solidão do sujeito enunciador: "não quero, não sei, tenho medo, não confio". A frase reforça esta situação, na medida em que reitera a dúvida, a desconfiança em relação à natureza do vivido, além de fazê-lo num contexto de solicitação de cumplicidade: "Aconteceu-me alguma coisa que eu, pelo fato de não a saber como viver, vivi uma outra?"

MONÓLOGO OU DIÁLOGO?

Em seguida, o sujeito tenta nomear, ou supor, uma possibilidade de nomeação do acontecido, embora ao mesmo tempo assuma que o "faria" não por acreditar no nome que engendra, mas por necessidade de segurança:

> A isso quereria chamar desorganização, e teria a segurança de me aventurar, porque saberia depois para onde voltar: para a organização anterior. A isso prefiro chamar desorganização pois não quero me confirmar no que vivi – na confirmação de mim eu perderia o mundo como eu o tinha, e sei que não tenho capacidade para outro.

A palavra "desorganização" emerge, assim, como modo provisório de nomear, como modo negativo de ancoragem, já que se esteia em seu oposto: a "organização" anterior, o que faz surgirem duas "imagens" de G. H.: a de uma G. H. "organizada", anterior à experiência inominável, e a de uma G. H. "desorganizada", posterior a ela.

No segundo parágrafo – "Se eu me confirmar e me considerar verdadeira, estarei perdida porque não saberei onde engastar meu novo modo de ser – se eu for adiante nas minhas visões fragmentárias, o mundo inteiro terá que se transformar para eu caber nele" – esta segunda imagem adquire novos significados, sugeridos pelas expressões "novo modo de ser" e "visões fragmentárias", as quais implicam desencontro com o mundo, ou seja, solidão, desajuste, fragmentação. Talvez o vazio do entre-lugar (entre a "organização" e a "desorganização") de onde fala este sujeito cindido possa ser associado com a experiência psicanalítica da angústia: "uma experiência de desmoronamento radical das escoras subjetivas"[2]. Fundamento de indeterminação real, fundamento do vazio, "o nada angustia, e do nada a angústia retira a sua força"[3]. Mas "é precisamente este nada que uma análise pode transformar em exigência de trabalho e, em conseqüência disso, engendrar o novo"[4].

---

2. Vieira, 2001: 163.
3. *Idem, ibidem.*
4. *Idem, ibidem.*

Se a angústia retira sua força do nada e se, numa análise, o "nada" pode transformar-se em "exigência de trabalho" e "engendrar o novo", neste processo ficcional ocorre algo semelhante: aqui, diante de um fato que se assemelha ao nada, na medida em que não é dito, o sujeito, crivado de angústia, ou seja, movido pela força do nada, como quem tateia, como quem alude sem poder avançar, diz-se e diz a forma que está criando, ou seja, de acordo com Blanchot, tenta elevar "a incerteza da angústia à decisão de uma fala justa", no terceiro parágrafo do texto metaforizando a conseqüência do acontecimento, o que traz à tona uma idéia de perda:

> Perdi alguma coisa que me era essencial, e que já não me é mais. Não me é necessária, assim como se eu tivesse perdido uma terceira perna que até então me impossibilitava de andar mas que fazia de mim um tripé estável. Essa terceira perna eu perdi. E voltei a ter o que nunca tive: apenas duas pernas. Sei que somente com duas pernas é que posso caminhar. Mas a ausência inútil da terceira me faz falta e me assusta, era ela que fazia de mim uma pessoa encontrável por mim mesma, e sem sequer precisar me procurar.

Por um lado, fica claro que se trata de uma perda necessária, pois a "terceira perna" impossibilitava a narradora de andar; entretanto, por outro lado, fazia dela um "tripé estável". Assim, o que parece perda na verdade se traduz como ganho, apesar de fazer falta, de assustar e de revelar mais um paradoxo: "voltei a ter o que nunca tive: apenas duas pernas". Este paradoxo, unido aos outros que se somam, instiga, provoca, aciona um desejo que já vai se configurando como de decifração, o que prenuncia/anuncia o surgimento do tema da rememoração, ao mesmo tempo em que perversamente alicia uma presença, que se insinua talvez como novo tripé: o leitor, a quem o sujeito se dirige, afastando-se para melhor se aproximar, prometendo e recusando, desestabilizando.

A fim de reiterar o sentido do adjetivo "inútil", que amplia a negatividade da palavra "ausência", e portanto ajuda a relativizar a idéia de perda, a narradora apresenta forte argumentação: na medida em que lhe permitia ser encontrável por si mesma sem precisar se procurar, a "terceira perna" era algo cômodo, mas alienador. A expressão, assim, metaforiza, reiterando-a, a constituição de um sujeito cindido: o seu entre-lugar parece ser um limiar entre o novo – as duas pernas que configuram o humano, mas que ao mesmo tempo o colocam em situação de fenda, de cárie, de angústia – e o velho – o "tripé estável". Tal imagem, de construção claramente pleonástica, unida à palavra organização, que iniciou o paradigma referente à G. H. anterior à experiência, parece configurar as idéias de necessidade de escora, e portanto de comodismo, automatismo, reificação.

No quarto parágrafo, a mesma disposição discursiva: iniciado por uma frase interrogativa que retoricamente retoma o dito e lhe dá um tom de debate, de discussão, em procedimento dialético ("Estou desorganizada porque perdi o que não precisava?"), acrescenta-se nova palavra, novo sentido, nova busca de significar: trata-se agora da palavra "covardia", que, como as outras, resvala para o seu oposto, ao mesmo tempo em que mantém o sentido corrente:

> Nesta minha nova covardia – a covardia é o que de mais novo me aconteceu, é a minha maior aventura, essa minha nova covardia é um campo tão grande que só a grande coragem me leva a aceitá-la – na minha nova covardia, que é como acordar de manhã na casa de um estrangeiro, não sei se terei coragem de simplesmente ir.

Assim, isto é, convertendo sentidos sabidamente negativos em positividade, o sujeito opera um movimento que se mantém ao longo de todo o texto e que nele mesmo se explicita, numa frase que só aparece bem posteriormente e na qual vimos residir uma das principais chaves interpretativas do texto: "uma forma que é feita de suas formas opostas". Deste modo, "covardia" é não apenas nova, é "o que de mais novo aconteceu", é a "maior aventura", é um campo "tão grande" que sua aceitação implica "grande coragem". Ou seja, covardia, aqui, é coragem, entendida num contexto dialético, pois se refere à coragem de assumir a própria covardia diante do novo, do que continua amedrontando, o sujeito, em tom de insistência, parece dizer, num procedimento que já podemos perceber aproximar-se do pedagógico.

Utilizando-o, G. H. não apenas articula o discurso em função de um interlocutor, mas o faz como se ensinasse a este interlocutor imaginário, que se desdobra na figura do leitor implícito no texto, como aquele deve ser lido. Em outras palavras: desestruturado, o sujeito pacientemente desestrutura seu interlocutor/leitor, num movimento que avança em espiral, isto é, parte do dado, do dito, do assimilado (?), para redizê-lo e ao mesmo tempo acrescentar-lhe algo. Retomar e redizer o velho para inserir o novo, quer dizer, partir do conhecido para conduzir ao desconhecido constitui uma velha técnica ao mesmo tempo mística, ritualística, retórica e didática; uma técnica de leitura, podemos acrescentar.

Neste momento, as imagens de escrita como expulsão, o ritual demiúrgico – que se inicia como se tocasse um objeto sagrado: a virtualidade da mensagem[5] –, jorro de linguagem, busca agônica de sentido/de interlocução, "ardência erótica", também se convertem em seu oposto, sem deixar de ser o que são: construção, "cálculo meticuloso"[6], forma que, em consonância com seu tom de fala inaugural, necessita forjar os seus próprios conceitos, o que implica preparar o leitor para recebê-la, como estamos vendo, por meio de um jogo que incansavelmente se põe e repõe.

Em seu decorrer, verificamos que o referido movimento pendular continua incidindo entre a velha e a nova G. H., sem nenhuma esperança de pacificação, pois o leitor atento já percebeu que, se de fato há uma pedagogia, ela se instaura paciente e perversamente, construindo para demolir, voltando a construir para voltar a demolir, ou seja, apontando para o inconcluso, o inacabado, o indecidível.

Idêntico processo ocorre na terceira tentativa de nomear o vivido, presente ainda neste quarto parágrafo do texto. "É difícil

---

5. Lepecki, 1985: 3.
6. As expressões "ardência erótica" e "cálculo meticuloso" referentes à escritura de Lispector são de Yudith Rosenbaum. Rosenbaum, 1999: 136.

perder-se. É tão difícil que provavelmente arrumarei depressa um modo de me achar, mesmo que achar-me seja de novo a mentira de que vivo." Num procedimento que já conhecemos, o tema da dificuldade de perder-se converte-se em seu oposto — a busca de um modo de se achar — o que ao mesmo tempo é reiterado e relativizado, por meio de uma definição: "Achar-se = ter uma idéia de pessoa organizada e nela se engastar, sem sentir o grande esforço de construção que é viver".

Se a reiteração confirma a idéia de um eu organizado, no sentido de cristalizado, um eu cuja existência se revela como mentira/simulacro, petrificação (sugerida pela expressão "engastar-se" a uma idéia de pessoa já formada), a relativização, por sua vez, opõe a esse eu em franco processo de desabamento a "grande construção que é viver" e, podemos acrescentar, escrever.

Assim, para dizer-se, ou seja, para escrever, a narradora precisa propor uma *nova* forma, a qual se gesta ao leitor como uma espécie de *receita narrativa*, tecida por meio de seu oposto: a desorganização, a desconstrução, o simulacro, pois, ao afirmar que, devido à dificuldade de se perder, provavelmente arrumará depressa um modo de se achar, mesmo que isso signifique o retorno da mentira de que vive, ela parece aludir não apenas à possibilidade de voltar a ser o que era antes da experiência, mas aos riscos que corre a própria narrativa, na medida em que esta não deixa de constituir um modo de se achar, de se organizar...

A ambigüidade se instaura, fazendo rangerem os sentidos apressados: talvez o achar-se da G. H. narradora necessite do perder-se do leitor, já que fica indefinido o que significa, para ela, achar-se, depois de ter vivido o que viveu: "Até agora achar-me era já ter uma idéia de pessoa e me engastar nela". A palavra *agora* parece colocar a decisão nas mãos do leitor, já que se distancia do próprio ato de viver/escrever, embora também possa referir-se a ambos, transbordando para o de ler, num belo exemplo da antológica fixação clariceana pelo "momento já".

Na conclusão, o parágrafo retoma a imagem da "terceira perna", recupera sua negatividade e utiliza uma frase interrogativa para voltar a centralizar o discurso no momento e no calor do processo enunciativo: "E agora, estarei mais livre?" Na medida em que recoloca radicalmente a dimensão de proximidade entre a vivência da escritura e a da leitura, reiterando-a por meio do futuro do presente, o advérbio "agora" novamente merece destaque, no sentido de se revelar como um hábil procedimento que aponta para o diálogo: ele torna o leitor partícipe da indagação, compromete-o com ela, incorpora-o na cena quase como personagem, ausente mas a cada movimento presentificado, desejado, instaurado pelo texto.

No entanto, modulando o jogo entre o diálogo e o monólogo, um jogo tão ambíguo quanto à própria escritura, na abertura do parágrafo seguinte G. H. explicitamente responde o que perguntara: ("E agora, estarei mais livre?") "Não." Assim, o eu que fala desdobra-se no interlocutor a quem fala, converte-se em *imagem de alteridade* em relação a si próprio, confirmando seu estado de cisão e desta forma retomando o solilóquio, o que silencia o leitor atônito, como se lhe desnudasse a "verdade" de sua condição: ele deve ser paciente, como o sujeito enunciador está sendo com ele, deve acompanhar-lhe a trajetória ao longo da qual o sujeito, meticuloso em seu desamparo, em sua "angústia", ao mesmo tempo que o aproxima, revela-lhe o perigo de tal proximidade. "Situação de perigo é toda aquela que evoca a possibilidade de dissolução, miticamente situada em um momento de desamparo fundamental"[7].

Em termos psicanalíticos, uma das características da angústia, no âmbito do aparelho psíquico, é que ela faz referência ao caos inicial, cuja leitura constitui o aspecto constitutivo do sujeito humano[8]. Esse caos, que "em vez de desaparecer ou de ser do-

---

7. Vieira, 2001: 63.
8. "O sujeito humano, capaz de ler o mundo e nele sobreviver, só se constitui como fruto da entrada em ação de uma grade de leitura do caos, que, de certa forma, separa o bebê desse afluxo sensorial incontrolável. Em termos especificamente freudianos, o aparelho psíquico constitui-se como uma camada de proteção contra o excesso de estímulos. Somente a partir desta operação inaugural, torna-se possível ler o caos e fazer dele um mundo. Esta é a razão

minado, mantém-se como fundo do qual se destaca a ordem do universo"[9], "jamais será totalmente afastado, fato clínico que justifica o conceito de castração. Ele passa a marcar uma ameaça de dissolução sempre presente, uma vez que o movimento próprio da pulsão, de morte por excelência, é de retorno a esse momento mítico"[10].

Na medida em que reproduz esse desamparo, a angústia se mantém articulada ao perigo, constituindo uma reação a ele. Nesse contexto, "castração é o nome da insistência estrutural da ameaça de dissolução", o que faz com que ela e o perigo sejam termos "que nomeiam o caos ao qual o afeto da angústia dá a forma de um sinal"[11].

Resumidamente, podemos, então, afirmar, que, em termos freudianos, "a angústia tem a função de um sinal, instaurado a partir da articulação entre a castração, a exigência pulsional e o recalque. Ela remete a uma situação traumática, primordial de perigo, ancestral a todos os estados de tensão acumulada em que não houve possibilidade de descarga"[12].

Processo de tensão, da situação de derrocada do eu em face do real, a angústia, em Lacan, relaciona-se com o objeto a:

a Coisa trocada em miúdos. É este objeto que pode ser apenas deduzido de todas as demandas que, insatisfeitas, levam a supor um objeto de satisfação total, relacionado com o fim do desejo, e, por isso mesmo, com o fim do sujeito. A angústia se refere, assim, ao objeto como objeto impossível, cuja presença nua, símbolo de satisfação total, faria o mundo, feito de falta, desabar. A partir desse objeto, garantia de certeza, ordenam-se desejo e gozo[13].

---

pela qual o trauma é referido a um tempo mítico, universal, e é caracterizado como desamparo" (Vieira, 2001: 62).
9. Vieira, 2001: 62.
10. *Idem*: 63.
11. *Idem*: 64.
12. *Idem*: 65.
13. *Idem*: 138.

Articulada "entre desejo e gozo"[14], a angústia diz respeito, portanto, "não ao brilho da imagem, mas ao seu ponto cego. Refere-se menos à cena representada no quadro e mais à função da moldura, enquadre do vazio. Por esta razão, o espelho sem imagem é o paradigma da angústia"[15].

Tanto no sentido de "técnica desestabilizadora do eu", quanto no de "afeto do limite"[16] e no de "espelho sem imagem", a angústia pode ser utilizada para ilustrar esta reflexão sobre o processo enunciador de *PSGH*. Por exemplo, na forma como se estrutura o jogo especular entre a narradora e o interlocutor: ao mesmo tempo em que G. H. provoca/persegue o desejo do Outro (o leitor), essa provocação/perseguição simultaneamente atiça e inibe sua "vontade de potência". Assim, essa vontade, fundada na crença de que, "sob as máscaras, há um sentido primeiro"[17], é acionada pelo texto, fazendo com que o leitor se mova numa situação angustiante em que a promessa de encontro se atualiza como solidão, a expectativa de ganho se atualiza como perda, em mais uma manifestação daquela frase que se assemelha a uma senha mágica de entrada no texto: "uma forma que é feita de suas formas opostas".

14. "No exemplo simples de Lacan, o par bebê-mãe ilustra o lugar da angústia e do objeto. O objeto do desejo [...] é figurado pelo seio, enquanto o objeto a situa-se na mãe, em algum lugar para além do seio. [...] Notemos que há um objeto, causa do desejo, que pode presentificar-se no seio ou no corpo da mãe. O lugar preciso deste objeto, entretanto, só se deixa entrever no interstício entre um e outro, além do seio e aquém da mãe nutridora. Por outro lado, a mãe comporta algo de invisível, indiscernível, por trás do seio e, neste caso, sua presença se fará sentir como o nada, que acompanha a angústia. O real do nada como presença pode ser figurado nas variadas formas, via de regra seu poder desagregador implica uma tonalidade maligna, que pode ganhar o corpo de um ser de maldade [...] ou, segundo Lacan [...], de um vampiro. [...] A angústia que acompanha a imagem do vampiro se ancora num ponto além desta imagem, mas seus efeitos de medo ou tristeza [...] situam-se no próprio plano da imagem, dando-lhe vida e peso subjetivo". Vieira, 2001: 138-139.
15. Vieira, 2001: 139.
16. *Idem*: 136-137.
17. *Idem*: 168.

MONÓLOGO OU DIÁLOGO?

Seja como for, o jogo pendular entre o monólogo e o diálogo constitui um dos fatores responsáveis pelo andamento do texto, pela progressão de idéias nele existente, a qual, como vimos, dá-se pela via da sistemática retomada questionadora do dito e do acréscimo de novos significados, que também serão retomados e questionados para gerar outros e assim sucessivamente, num movimento espiralado, que, além de encenar a grande temática do fragmento deflagrador do jorro discursivo de *PSGH* – como começar a dizer? Como entrar no assunto? Como inaugurar uma fala? –, numa experiência de deriva que é também lucidez, instaura uma espécie de pedagogia do tipo de leitor e de leitura desejados pelo texto.

Voltando a ele, cuja travessia revela-se tortuosa, e por isso mesmo pede cuidado com as generalizações apressadas, retomemos o quinto parágrafo. Nele o leitor, em seguida à resposta da narradora à pergunta que ela mesma fizera, remetendo-o ao silêncio, distanciando-o, defronta-se com mais uma frase interrogativa:

E agora, estarei mais livre?

Não. Sei que ainda não estou sentindo livremente, que de novo penso porque tenho por objetivo achar – e que por segurança chamarei de achar o momento em que encontrar um meio de saída. Por que não tenho coragem de achar apenas um meio de entrada? Oh, sei que entrei, sim. Mas assustei-me porque não sei para onde dá essa entrada. E nunca antes eu havia me deixado levar, a menos que soubesse para o quê.

Neste trecho, há outro advérbio de tempo – "ainda" – que, unido à locução verbal gerundiva, presentifica e "estica" o ato de dizer, postergando para o futuro (da própria escritura) o seu fazer-se, o qual se identifica com sentir livremente, em oposição a pensar, palavra que se associa a achar, deflagrando novo par de opostos complementares ("meio de saída", com o significado de mais uma ancoragem, mais uma "terceira perna", metáfora alguns parágrafos à frente retomada, para gerar uma confissão perigosa/perversa: "Sei que precisarei tomar cuidado para não usar sub-repticiamente uma nova terceira perna que em mim renasce fácil como capim, e a essa perna protetora chamar de 'uma verdade'").

Prosseguindo a leitura em terreno apesar de tudo com algo de familiar, ao menos em relação ao já lido, o leitor sente-se mais próximo, ou seja, mais aproximado do texto em sua "vontade de potência", uma vez que a pergunta encontrada neste parágrafo ("Por que não tenho coragem de achar apenas um meio de entrada?") parece, ao contrário da anterior, novamente solicitar-lhe cumplicidade.

No entanto, o leitor esbarra em novo tom/nova armadilha/ novo simulacro: *Oh, sei que entrei, sim. Mas...* A interjeição e o advérbio de afirmação, que parecem querer introduzir o narrado com ênfase dramática, precipitando o desenrolar da narrativa, são bloqueados por um "mas" que remete ao já conhecido: novamente a digressão no lugar da ação. Aqui a palavra "sim", acrescida do "não" que inicia o parágrafo, reforça o jogo pendular que aproxima e distancia o objeto de desejo do leitor, numa encenação rítmica de aparecimento e desaparecimento.

Esse "mas", assim, desvia a recém-criada expectativa de saciedade, e, mais uma vez, como acontecerá ao longo de todo o capítulo, e, por extensão, de todo o livro, devolve o leitor à situação de angústia, reduplicação da angústia de G. H.: "[...] assustei-me porque não sei para onde dá essa entrada. E nunca antes eu havia me deixado levar, a menos que soubesse para o quê".

Nesse sentido, não será o leitor uma representação de mais uma "terceira perna" de G. H.? De fato, é ele quem alicerça a busca de uma expressão que "não minta o sentimento", é ele quem motiva a necessidade de direcionar pedagogicamente o discurso, é ele, enfim, quem dela parece exigir "uma verdade", à que se sabe capaz de sucumbir, pois vimos que em G. H. "uma nova terceira perna renasce fácil como capim".

Se esta interpretação for possível, pode-se pensar que a narradora estaria "sub-repticiamente" usando a "imagem" de leitor a quem se dirige para "ousar dizer-se" do único modo que lhe parece corresponder a uma "fala justa": há que reviver o vivido, a fim de recriá-lo, mas, pela natureza "inominável" que o vivido revela possuir, fazê-lo implica uma espécie de "preparação de terreno" que lhe propicie legibilidade.

MONÓLOGO OU DIÁLOGO?

Neste caso, há algo neste capítulo de abertura de *PSGH* que remete, por contraste, ao *proemium*, o "ensaiar de dedos" que, na poesia clássica dos aedos, consistia num dos protocolos de decisão que precede e prepara para o canto, "como se começar a falar e encontrar a linguagem constituísse um risco de despertar o desconhecido, o escândalo, o monstro"[18]. Enquanto nele o poeta se retira para que a Musa cante, desta forma lançando mão de um código de abertura que "elimina o caráter arbitrário de todo começo", aqui a narradora precisa conquistar a credibilidade do leitor para garantir a sua "alegria difícil" de narrar-se. Nas palavras de Roland Barthes:

> Escrever no prazer me assegura – a mim, escritor – o prazer de meu leitor? De modo algum. Esse leitor, é mister que eu o procure (que eu o "drague"), *sem saber onde ele está*. Um espaço de fruição fica então criado. Não é a "pessoa" do outro que me é necessária, é o espaço: a possibilidade de uma dialética do desejo, de uma imprevisão do *desfrute*: que os dados não estejam lançados, que haja um jogo[19].

Talvez este prazer, fundado na "caça" do que não se sabe onde está, seja um outro nome da angústia, porque como ela é a própria imagem vazia da incompletude, da falta, da situação de limite entre procura e encontro. Talvez seja esse misto de angústia e prazer o sentimento a que se refere Lispector, na nota introdutória ao romance, por meio da expressão "alegria difícil". O fato é que, em nenhum momento, o prazer que é angústia, a alegria que é difícil, podem ser lidos como expressões reconfortantes, apaziguadoras.

Ao contrário, se por um lado ambos parecem instaurar um pacto de leitura, fundado numa promessa de gozo que se atualiza como vetorização do desejo, por outro, podem ser "traduzidos" por meio do conceito barthesiano de texto de fruição:

aquele que põe em estado de perda, aquele que desconforta (talvez até um certo enfado), faz vacilar as bases históricas, culturais, psicológicas

---

18. Barthes, 1972: 62.
19. *Idem*: 9.

do leitor, a consistência de seus gostos, de seus valores e de suas lembranças, faz entrar em crise sua relação com a linguagem[20].

Como ler este tipo de texto, a que o estudioso se refere como um texto-limite? Quais portas de entrada podem converter-se em instâncias de legibilidade que apontem para seus elementos estruturantes? E, como estamos em solo fértil, vale a contrapartida: como deixar de lê-lo, se ele vai envolvendo, num movimento giratório que é puro fascínio e sedução/perdição?

Tais perguntas, conjugadas com os (des)caminhos abertos por esta tentativa de análise, cujas principais linhas estão colocadas, remetem às operações básicas da retórica clássica: a *inventio* (o encontro dos argumentos a serem desenvolvidos), a *dispositio* (a ordenação desses argumentos), a *elocutio* (sua apresentação em "palavras ornamentadas", isto é, capazes de persuadir pela riqueza argumentativa e também pela beleza do discurso), a *actio* (referente à encenação da linguagem) e a *memória* (relativa aos instrumentos de apoio necessários à performance do orador).

Em suas reflexões sobre o tema, Barthes[21] mostra que na *techne retorique*, tal como a praticavam os antigos, a *inventio* e a *dispositio* necessariamente precedem a *elocutio*, na medida em que constituem operações mentais de que esta resulta, materializando em palavras as reflexões sobre o encontro e a melhor organização dos argumentos. Refere-se, também, ao fato de que, enquanto as três primeiras sobrevivem até os nossos dias nas mais variadas formas discursivas, as outras duas teriam desaparecido com a substituição da palavra falada pelo livro, o texto escrito.

Neste contexto, se na estruturação do capítulo de abertura de *PSGH* existem ecos de tais operações, elas aparecem de forma que subverte sua ordem originária, já que o metadiscurso de G. H. transpõe a *inventio* e a *dispositio* para o plano da *elocutio*, e assim (re)vela ao interlocutor o seu próprio processo de construção, em seu desnudamento do ato de escrever e de seus pressupostos: o

20. *Idem*: 22.
21. Barthes, 1972: 68.

plano, a estruturação do livro etc., que simultaneamente se realizam, neste estranho tipo de exórdio. Além disso, na medida em que o faz por meio de uma linguagem que se assemelha a uma "dramaturgia da palavra", isto é, em que o ato de narrar aproxima-se do de mostrar, como se o livro fosse mais corpo, gesto, palavra representada que palavra lida, *PSGH* reatualiza, evidentemente de modo próprio, transformador, a operação que os antigos denominavam *actio*.

Quanto à memória, esta constitui a essência da experiência de G. H., pois se trata de uma experiência de rememoração, no plano pessoal e coletivo, abrangendo toda a história da humanidade e do próprio planeta, que é acionada por meio da técnica da repetição.

A propósito deste tema, escreveu Norma Tasca:

> Operador responsável pelas transformações profundas do discurso [...], ele encena, "de forma mais forte e mais enérgica", conforme pretendiam os antigos retóricos, a complexa subjetividade passional que se inscreve em *PSGH*. Visando mais "reproduzir" do que exprimir o sujeito passional, atualiza o que mais caracteriza semanticamente o lexema paixão nas suas várias concepções: "a intensidade". Só ela é capaz de reproduzir a experiência vivida[22].

Se por um lado a repetição retarda o andamento do discurso, substituindo a expectativa de linearidade por um retorno ao mesmo que nunca é exatamente o mesmo, por outro ela funciona como o grande recurso mnemônico capaz de deflagrar o processo de uma escrita-ritualística, oracular, que também por isso é "medularmente poética", como afirma Benedito Nunes[23].

Na medida em que tais aproximações tenham sentido, é possível pensar que *PSGH* utiliza-se de técnicas retóricas como faz com outros discursos – o bíblico, o mítico, o psicanalítico, o filosófico, o poético, o dramático – numa experiência de dialogismo no sentido bakhtiniano do termo, ou seja, em que há plurilingüismo:

22. Edição crítica de *PSGH* – Nunes, 1996: 270.
23. Nunes, 1989: 142.

pluralidade de linguagens, por meio das quais a romancista refrange suas próprias intenções[24].

Por ora, a fim de prosseguir o rastreamento dos parágrafos iniciais, cabe retomar a idéia de que a narrativa sofre um sistemático e calculado adiamento. E o faz inserindo neste vazio um conjunto de filosofemas[25], por meio do qual a enunciação volta-se sobre si mesma, num movimento cujo caráter espiralado parece aproximá-la de certo modelo do discurso filosófico. A análise do sexto e do sétimo parágrafos, que será feita em conjunto, talvez possibilite que essa questão seja desenvolvida. O sexto parágrafo inicia-se da seguinte forma:

"Ontem, no entanto, perdi durante horas e horas a minha montagem humana."

Aqui, o conectivo "no entanto" bloqueia a reflexão sobre o vivido e (re)cria a expectativa do leitor em relação à história a ser narrada, num movimento inverso ao que acontece no parágrafo anterior. Tais jogos pendulares entre o sim e o não, além de encenarem uma intermitência, fazem-no por meio de uma cadência rítmica que, aliada à repetição, como vimos assinala a dimensão poética do discurso.

A frase, além disso, fornece duas indicações temporais importantes: a primeira ("ontem") apontando a proximidade entre o fato e a disposição torturada mas insistente, angustiada mas insidiosa (talvez aqui o "mas" já pudesse ser substituído pelo "e") da narradora em contá-lo; e a segunda referindo-se às "horas e horas" de perda da "montagem humana" de G. H., expressões que reforçam a imprecisão de que se reveste o narrado e ao mesmo tempo adiantam algo em relação a ele: no caso, a idéia de artificialidade, presente na palavra "montagem". Artificialidade, assim, reúne-se ao paradigma que vem construindo a imagem da G. H. anterior ao vivido: alienação, cristalização, simulacro, mentira, "montagem humana".

24. Bakhtin, 1988: 120.
25. A palavra é utilizada aqui no seu sentido geral de discurso filosófico.

Se este não é um "ágape" na tradição ritualística cristã é, pelo menos, uma cena de canibalismo amoroso. O canibalismo exige como condição para se realizar que ocorram dois movimentos complementares: identificação e incorporação, e assim o outro é oralmente introjetado. E tanto a identificação quanto a incorporação ocorrem no ambíguo confronto: G. H. e a barata.

De acordo com tal leitura, nesta obra, em que há "celebração primitiva de ritos ancestrais", "volta-se ao que há de mais originário na história do homem, ao tempo em que homem e animal (mulher e barata) viviam a rudeza de sua essência".

Por outro lado, a presença uma cronologia específica no texto, na visão do crítico possui valor simbólico e mítico. De início, por ocorrer durante o meio-dia o "primeiro grande arrebatamento". Aqui se reduplicaria a barra que separa as duas partes do signo mulher/barata, indicando, ao mesmo tempo, duplicidade e unicidade.

Como a meia-noite, o meio-dia constitui hora mágica, espaço de passagem, a exemplo dos solstícios de verão e inverno. No esoterismo tântrico, trata-se, de acordo com o *Dicionário dos Símbolos*, de Chevalier e Ghreerbrant, de horas de repouso e beatitude, em que o "sol do espírito" confunde-se com o sol físico. ("Por isso, o pensamento esotérico vai desenvolver a respeito destes momentos alguns oxímoros: a meia-noite luminosa e o meio-dia escuro.")

Ao meio-dia, ocorre a meditação visual da narradora-protagonista, ou seja, a revelação da "máquina do mundo", que aparece na literatura ocidental da Idade Média aos nossos dias. G. H. descortina o "império do presente", numa cena alucinatória que ocorre no limiar do tempo e espaço. Assim, ao meio dia a personagem está atravessando "El Khela, o nada", o "Tanesruft, país do medo", o "Tiniri, terra além das regiões da pastagem".

Como "nova porta no labirinto", o crítico identifica outro tópico da mística e da antropologia: o tópico da "primeira vez". Isto é: há uma reincidente afirmação de que as experiências que estão ocorrendo sucedem sempre como se fosse "a primeira vez"[59]. Uma "primeira vez" que se repete ciclicamente, concentricamente, reafirmando uma "estrutura espiralada ascendente", no sentido mítico e místico. "Como se a estrutura dos 'ciclos' de Dante na sua experiência pelo Inferno, Purgatório e Paraíso fosse um padrão que, de uma certa maneira, pudesse aqui se repetir".

Surge, então, mais uma porta: a teoria das catástrofes, que estuda os movimentos ríspidos dos sistemas orgânicos, mecânicos ou sociais, apontando o modo como "entram em crise, sofrem um colapso ou passam por abruptas transformações".

Numa narrativa como *PSGH*, pode ocorrer o mesmo que ocorre nas sociedades em que um apocalipse precede um novo gênesis, ou seja, há um reinício, depois da catástrofe ou "queda".

Para o crítico, os conceitos de epifania e liminaridade se inscrevem no âmbito da catástrofe, onde "a personagem se decompõe, expõe-se pelo avesso, revela sua contraditoriedade e vive a náusea e o enjôo existencial". Trata-se do momento da "experiência do tudo e seu avesso – o nada, da multiplicidade e de seu avesso, – o neutro".

Assim, na G. H. escultora que adora "arrumar", instala-se o caos, o colapso, a catástrofe de sua própria consciência, ou seja, a "desarrumação", que corresponde a morte, tragédia, inferno, queda. Ela então anota o "desmoronamento de civilizações", tem a sensação de que "ia caindo séculos e séculos" e está presenciando os "últimos restos humanos" naquele deserto "em que tudo se nadifica e tende para o neutro".

Tal catástrofe liga-se estruturalmente ao topos, presente nas narrativas clássicas e mitológicas, "da queda do herói", como ve-

59. "A inscrição da 'primeira vez', mais do que um exercício de 'eterno retorno', é reafirmação constante de uma 'intertroca' entre vida-e-morte, exemplificação de um constante re-início, uma viagem ao 'núcleo' das coisas. E é também uma estrutura típica dos ritos de passagem, que não existem a não ser por ocasião da primeira passagem de uma categoria social ou de uma situação a outra. No caso de *PSGH* isto é mais apurado, e até a estrutura concêntrica dos capítulos, começando com a frase do anterior, remete para o constante re-início da escrita e da experiência".

mos em *Alice*, de Lewis Carrol, a qual "cai num buraco que lhe abre a porta para um mundo mágico", em Jonas – que cai do ventre da baleia – e em José, "colocado no fundo do poço pelos irmãos e dali saindo para a glória do trono real egípcio".

As catástrofes relacionam-se com o grotesco, na medida em que este se caracteriza, de acordo com Wolfgang Kaiser, "por uma mudança violenta no sistema", a qual provoca "insegurança e instabilidade", instaurando "a falência da ordem moral e do universo físico". O mundo, então, aparece em sua "estranheza", o que faz emergirem "os aspectos demoníacos, presença da fissura, da fenda por onde o demoníaco se insere".

Parte de *PSGH*, vista por este ângulo catastrófico e grotesco, possui aproximações com o ritual do sabá, a missa negra, o que reafirma a dualidade, a força dos oxímoros, porque como vimos a catástrofe produz um mundo novo, ou seja, o sabá traz à protagonista a "alegria do inferno".

Assim, para Affonso Romano essa narrativa é paradoxalmente ao mesmo tempo grotesca e sublime: o sublime dando sentido ao grotesco, uma vez que se compõe em relação a ele. Tanto "os heróis que experimentaram a queda" se dirigiram para o sublime (Dante, Jonas, José ou o próprio Cristo), quanto os insetos (como aquela barata) constituem "zoomorfoses do grotesco". Em *PSGH*, a barata que emerge do fundo escuro do armário corresponde ao "grotesco emergente que quer se metamorfosear em sublime a partir da epifania, da liminaridade e do ritual de passagem".

De acordo com tal interpretação, o próprio título do livro, ao remeter para uma paixão segundo São Mateus, segundo São João etc., faz referências a Cristo, de resto presente concretamente em toda a narrativa: Cristo seria, por excelência, a "vocação sublime antagonizada pelo grotesco".

Além disso, a linguagem, de conteúdo religioso e místico, mantém uma estrutura hierática, significando o sagrado, o elevado, mas, sobretudo, destacando "o que de hierático tem o hieróglifo": "a escrita sagrada dos sacerdotes, em oposição à escrita demótica, mais popular e profana". Esta palavra, repetidamente utilizada pela narradora, não apenas reitera o caráter hierático de sua obra. Também remete à questão do enigma, do mistério, o que possibilita à crítica "estabelecer conotações entre o hieroglifo e as metáforas do sonho, conforme Freud".

Trata-se, enfim, de uma "linguagem-sujeito, divinizada pelo ritual que desenvolve", ou seja, uma linguagem-ritual. "Daí o seu caráter circular, fechado, e a composição em tom de oratório"[60].

Ao estudar "as paixões em forma de oratório", o crítico refere-se "ao jogo que se estabelece entre os números três, dois e um", ao longo do romance. Da "terceira perna: equilíbrio e epifania", a "entrada na liminaridade": "a fragilidade de manter-se sobre duas pernas". O número dois, que exemplifica por meio da "dualidade mulher & barata", carrega em si "uma barra", "uma separação", "metaforizada pela porta que corta ao meio e esmaga a personagem", o que a leva a deixar que sua "consciência catastrófica" escorra.

No trecho de *PSGH* em que a protagonista afirma ter entrado "naquilo que existe entre o número um e o número dois...", Affonso Romano vê a "própria teorização sobre o interstício, o intervalo, a fenda, a rachadura entre o número um e o número dois, entre o sujeito e o objeto, entre duas unidades". E acrescenta: "a narrativa será exatamente a descoberta desse vácuo alucinante no descontínuo da própria casa, quando se entra no vazio do quarto e quando do escuro do armário surge intersticialmente aquela barata, que é algo entre uma nota de música e outra, entre um fato e outro, entre dois grãos de areia".

Baseando-se na obra de Oscar Handlin, *Truth in History*, o crítico afirma que, se por um lado "o número três não tem a importância matemática do número um e do número dois", esses últimos esgotam o conceito de número, pois "o surgimento do número dois é que inventa o infinito". Assim, por meio das duas

---

60. "Como um oratório com seus contrapontos e fugas, com diversos temas se desenvolvendo num rodízio ascensional e espiralado, lembra as volutas das catedrais barrocas em direção ao infinito. Catedrais que reúnem o grotesco e o sublime numa só dialética e oxímoro."

unidades fundadoras 1 e 2, "descobre-se ao mesmo tempo a descontinuidade e a continuidade". "E é com essas duas unidades primordiais que se inscrevem as narrativas e a história. É aí que nascem inclusive os computadores, em sua espantosa manifestação binária. Com os dois dígitos iniciais calcula-se o infinito. Com eles pode-se chegar a cálculos quantitativamente impensáveis pela razão rastejante dessa barata chamada homem."

Esses dois termos iniciais, essas duas letras ou palavras iniciais, formam o "princípio de uma série de narrativa infinita"[61]. Ao apresentarem uma relação de complementaridade binária, os dois dígitos (a mulher e a barata) constituem "a semente de bifurcações e dualidades, pelas quais caminha toda a narrativa: organização/desorganização; medo/esperança; bem/mal etc. Não se trata, entretanto, de anotações opositivas inconciliáveis, mas de encruzilhadas, verdadeiros 'lugares de passagem' da narrativa da consciência"[62].

Ao longo do romance, cada passo da personagem pode ser compreendido como uma opção entre dualidades: entrar no quarto, "entrar" no armário, "entrar" na barata, tudo é sinal de um irremissível "desvio" que provoca o florescimento luminoso da árvore epifânica[63]. Desta forma, assim como "os capítulos compõem a árvore narrativa saindo um do outro", "os próprios pará-

61. Ao atingir a segunda noite, Xerazade "já estava salva para sempre", pois todas as demais "seriam decorrência", razão pela qual, semioticamente, "poder-se-ia ler o número de mil e uma noites (1001) como um alargamento de intervalo entre a primeira unidade e a segunda, sendo os dois zeros intermediários quase que dízimas periódicas do alargamento da vida, do tempo e da sobrevivência do amor através do revezamento entre os dois dígitos da noite e do dia".
62. "Florescer de uma árvore de decisões (matemática), diante da qual a pessoa está numa encruzilhada. Ela pode tomar tanto o caminho da direita quanto o da esquerda. Ela toma o da direita. Mais adiante, defronta-se com outra encruzilhada. Agora toma o caminho da esquerda... etc. Como representar o caminho seguido? 0: direita; 1: esquerda. 10110001... Supondo-se um caminho com um número infinito de bifurcações, pode-se mostrar como cada percurso possível é um número representado no sistema binário e como a qualquer número natural corresponderá um caminho."
63. "Raiz – fruto do bem e do mal – metáfora da árvore da vida (folclore e mitologia de várias culturas, está no subsolo da narrativa)."

grafos são alongamentos um do outro, como se de cada parágrafo brotassem novos significantes".

Outra questão discutida pelo crítico – no contexto do interstício entre duas notas e a metafísica da binaridade – é a do erro, tematizada em *PSGH*. Agora na esteira do *Dicionário de Comunicação*, de Chaim Samuel Katz, ele coloca que "o erro sistemático de cálculo é uma exigência da estrutura do processo, de sua descontinuidade", e também que "o erro é sempre causado pela intromissão do mundo real no mundo fechado e coerente da teoria".

Associa, assim, erro e "errância epifânica": "um deslocamento pela diferença, pela falha ou brecha. Um modo de cobrir a distância entre o 1 e o 2, entre todos os opostos que constituem o oxímoro estruturante desta narrativa/consciência-em-progresso".

Quanto aos oxímoros, para Affonso Romano – como para Olga de Sá –, em *PSGH* eles organizam o texto, nele apontando "a ruptura e o esforço de ligação absurda", na medida em que, a rigor, "o oxímoro é uma sutura da linguagem e do pensamento".

Após enumerar alguns dos principais "absurdos lógicos" existentes nos níveis do léxico e da frase em *PSGH*, o crítico analisa a dualidade mulher/barata, a fim de exemplificar a presença do oxímoro na construção da personagem, o que se estende à própria narração, quanto a este último ponto concluindo que "a sua história se constrói a partir de uma desconstrução". Ou seja: "o romance se estrutura a partir da catástrofe. É uma obra de linguagem que se efetiva a partir da negação da linguagem convencional".

Para Affonso Romano, enfim, *PSGH* constitui um "anti-romance", com "anti-personagens", numa "anti-língua".

Ainda exemplificando a vertente de leitura de *PSGH* que liga o romance ao domínio mítico, existem dois trabalhos a ser mencionados.

O primeiro, de autoria de Luzia de Maria de Rodrigues Reis, foi produzido em 1981 e se chama *O Trágico da Paixão: Uma Leitura de PSGH*[64].

64. Reis, 1981: 148-151.

A autora relaciona o romance à tragédia clássica, concluindo que ele "veicula a nostalgia de um tempo mítico das origens, a Idade do Ouro, em que tudo se plasmava ante o império da Unidade, revelando dessa forma uma consciência trágica".

Tal conclusão deve-se ao levantamento e à análise de alguns fatores, que passarei a ressaltar. Em primeiro lugar, a ensaísta afirma que uma oposição entre unidade e multiplicidade percorre a narrativa, na qual se mantém como busca maior "a integração do múltiplo em unidade". Nesse contexto, a protagonista G. H. constrói-se como um ser dúbio, que se divide entre a elaboração de um "eu" individual e o vislumbre de uma "Vida Maior", caracterizada pela identidade plena com o ritmo cósmico. Ela, então, oscila entre "as cadeias do Ser e do Parecer", da Paixão e do Pensamento, do "conter-se" e do "entregar-se", que a estudiosa relaciona com as imagens de Apolo e de Dionísio.

Ao longo do romance, o desenvolvimento do motivo da impessoalidade adquire o sentido de dado configurador "do fascínio da despersonalização", vista como resquício de um tempo em que, "na relação Eu *versus* Outro, a distância ainda não se concretizara em abismo".

Sobre o quarto de Janair e a água – estudada na qualidade de elemento sagrado e restaurador de um tempo mítico – a autora considera que ambos esboçam, metaforicamente, o desenho da paisagem de Origem.

Quanto à *coincidentia oppositorum*, que efetua a reversibilidade dos valores instituídos ou mostra, em cada ser, "a sua face oculta", "o seu contrário", trata-se de recurso discursivo destinado a perseguir o sentido de "totalidade".

Por meio do motivo da carência, em que o anseio de Unidade adquire o sentido de Amor fraternal, de elo capaz de "promover a harmonia e aproximar o homem de Deus", efetua-se, na visão da ensaísta, "a transferência dos valores buscados no nível cósmico para um presente histórico, construído pelas mãos do homem".

Com a destituição da noção de indivíduo e a conquista da despersonalização (entendida como integração no seio do Uno) por G. H., além de as convenções sociais se anularem, a *langue* revela-se insuficiente para a apreensão do Real, instaurando-se na obra "o reino do silêncio".

Ao analisar o modo como G. H. se encaminha para um "conhecimento", que paradoxalmente se traduz como "aguda incompreensão", a autora refere-se ao título da obra, em sua aproximação com os relatos evangélicos, como "paráfrase poética à Paixão de Cristo".

Em sua opinião, em *PSGH* categorias do trágico convivem com o cristianismo. De tal modo que a Paixão de Cristo, "lida" por G. H. como metáfora da condição humana, constitui uma experiência trágica.

Nesse contexto a morte é um salto necessário, "na ultrapassagem de um modo de ser individual" para "um modo de ser em comunhão com as forças da natureza", ou para o desabrochar pleno da *phisis*.

O esmagar da barata corresponde, para G. H., a deixar-se esmagar. E tal identidade entre ambas torna o ritual da comunhão, presente na obra, "uma paráfrase ao gesto ensinado pelo Deus que se fez homem". Ou seja: assim como Cristo bebeu o próprio sangue na Eucaristia, G. H. realiza o equivalente a beber o próprio sangue, desta forma alcançando, simbolicamente, um outro estágio, no qual aprende a dimensão da natureza humana e "conhece o sofrimento, num modo que significa a conquista do Ser".

Enquanto este trabalho promove um recuo do texto para um contexto marcado pela convivência entre o cristianismo e a tragédia clássica, o segundo caminha em direção contrária. Trata-se de *O Mitologismo em PSGH*[65], dissertação de mestrado de 1999, escrita por Eromar Bonfim Rocha.

O autor dedica-se à análise da relação entre o romance e os mitos, à luz das transformações da linguagem do romance e da mitologização da literatura moderna, que se dá a partir dos primeiros decênios deste século.

---

65. Rocha, 1999: 132-137.

Parte, assim, do "mitologismo", visto como fenômeno específico da literatura moderna, conforme os estudos realizados por E. M. Mielietinski, no ensaio "A Poética do Mito", e também de algumas obras de Northrop Frye, Mircea Eliade e Arnold Van Gennep, a fim de examinar os arquétipos, ou microenredos míticos, que apareceriam em PSGH como elementos estruturadores da narrativa, integrando sua estrutura composicional.

Outro objetivo do autor, no mesmo trabalho, é interpretar "a transmutação mítica da realidade social na obra da escritora como um fator que condiciona os níveis psicológico e ideológico do romance".

Em suas conclusões, Eromar verifica que, "ao apelar para estruturas e temas míticos", Clarice Lispector, em vez de acentuar "os paralelos míticos entre personagens", põe em relevo "as situações vividas por eles", recorrendo à "remissão da ação e da personagem" ao tempo ancestral "mítico", e também à "repetição de situações paradigmáticas como, por exemplo, o caos, as destituições apocalípticas, as provações, a morte mitológica e outras".

Ao longo do romance, portanto, haveria um processo pelo qual as situações vividas pela personagem, bem como "as relações espaciais e temporais" "mitologizam-se", já que se desvenda sua dimensão ancestral.

Dessa forma, "a oposição arquetípica entre o caos e o cosmos", que se relaciona "seja com os tempos iniciais míticos", "seja com a temática apocalíptica, ou ainda com a cosmicização", estaria presente em PSGH. Tais arquétipos transformam-se "na desorganização do mundo da personagem", "na destituição de todos os seus predicados", e também "na harmonização final", mesmo que esta constitua apenas um elo, "na infinita cadeia cíclica que leva à nova queda".

Para o autor, "a mediação dos animais na ficção clariceana – a barata, em PSGH – é outro recurso mitologizador pelo qual a personagem imerge no tempo mítico", o que faz com que a imagem da barata ganhe uma dimensão mitológica, graças ao atributo metafórico nela dominante: "a ancestralidade".

Quanto à personagem central da obra, Eromar vê nela "certa relação espontânea e tipológica com o herói cultural mítico", na medida de sua caracterização "como herói marcado pela busca", o que ocorre desde o início do romance, afirmando-se ao longo da peregrinação até a sua entrada no quarto de Janair e as provas enfrentadas neste lugar. Quando se conclui esta busca, em seu entender G. H. "tem algo a entregar ao seu interlocutor – um bem que obteve enfrentando lutas difíceis", o qual se traduz no combate a todos os atributos civilizacionais, no enfrentamento dos "acréscimos" morais e até "no embate corpo-a-corpo com a linguagem".

Assim, o autor conclui haver "uma transmutação da realidade", que se dá por meio de um processo de mitologização, no romance de Clarice Lispector, utilizando-se de Alfredo Bosi para se referir à "transposição da realidade social pela transmutação mítica": "Através dessa transmutação, a consciência nega a realidade e dela se exclui, passando a combatê-la, pela 'desumanização', na arena da tessitura mítica na qual os temas da romancista se universalizam".

Após citar o parecer de um historiador sobre a realidade político-brasileira na época do "provável período de gestação" de *PSGH*, e após relativizar a possibilidade de ver qualquer "condicionamento" entre o romance e tal momento periclitante da vida brasileira, Eromar, no entanto, acreditando que "não se pode negar simplesmente tais correlações", passa a estabelecê-las.

Tenta perceber "certa correspondência formal" entre a tensão social brasileira daquele momento histórico e "certa problemática de fundo vivida por G. H., entre a opção de uma existência segundo o mascaramento social e a de uma vida neutra, ameaçadora, destituída da moralidade humana construída pela civilização".

Ao longo desta análise, em que procura colocar a denúncia que G. H. faz do humano no plano social, colando-a à realidade brasileira, o autor me parece desviar-se de certas percepções essenciais em relação à obra. Ao se referir, por exemplo, ao comportamento de G. H. em relação a Janair como modelado por um "furor discricionário", afirmando que "o seu ímpeto ao entrar no quarto da empregada era o de limpar aquilo tudo e até matar, se fosse preciso", ele força o texto em direção a uma leitura que não apenas o reduz, mas o distorce, pois o que deflagra o ódio de G. H., a sua disposição de matar, é o "furor" provocado exatamente pela limpeza do quarto e, e partir daí, pelos sinais, nele presentes, do ritual.

Em outro momento, o autor, referindo-se à "massa de trabalhadores, analfabetos e desvalidos", os brasileiros socialmente excluídos, escreve a seguinte frase: "[...] portadores dessa fome e dessa vida, transformados em barata nojenta e escorraçados para os *bas-fond* do campo e das cidades [...]". Aqui a barata transforma-se em alegoria grosseira do proletariado, o que desloca o seu significado para um plano distinto daquele proposto no próprio trabalho de Eromar, a meu ver sem o necessário esforço interpretativo, o qual implicaria uma re-leitura orgânica e detalhada de *PSGH*.

Tais problemas parecem decorrer de duas "tentações", que a experiência desaconselha, quando nos defrontamos com textos como os da escritora. Uma delas consiste na aplicação mecânica de métodos e categorias de análise às obras literárias, especialmente em se tratando daquelas que, como as de Clarice Lispector, são por excelência avessas aos discursos críticos convencionais. A outra tentação diz respeito à "precipitação de um sentido", na tentativa legítima e necessária, mas difícil de realizar, de estudar o caráter social, agora especificamente de *PSGH*, sem descurar da inteireza artística do romance.

Neste sentido, há um texto que merece leitura atenta, na medida em que procede exatamente a este tipo de análise, dentre outros enfoques, além de constituir uma das únicas, ou talvez a única obra de crítica literária, totalmente dedicada ao romance.

Trata-se de *A Barata e a Crisálida – O Romance de Clarice Lispector*[66] de Solange Ribeiro de Oliveira, publicado em 1985.

---

66. Oliveira, 1985.

A autora inicia seu trabalho[67] contextualizando *PSGH* no conjunto da obra de Clarice, em relação à qual ocupa "importante lugar de transição", pois "resume e explicita" os temas dos textos anteriores, além de anunciar, em termos formais, uma reorientação na ficção da escritora.

Com relação aos textos que precederam *PSGH*, o primeiro comentário é sobre *Perto do Coração Selvagem*, cuja protagonista, Joana, como G. H., debate-se "entre o ser e o existir", como se fosse "um contorno à espera da essência". Na esteira dos trabalhos de Benedito Nunes, para quem em Clarice Lispector "o eu é uma possibilidade, não uma realidade", o que faz com que a "falta de sentido" engrandeça a experiência humana, Solange comenta que Joana tenta absorver, sem impor-lhe um significado, "a substância informe da vida". Para ela, como para G. H., "a confusão não trazia apenas graça, mas a realidade mesma. Parecia-lhe que se ordenasse e explicasse claramente o que sentia, teria destruído a essência do que 'é um'".

Em *O Lustre*, por sua vez, Virgínia menina, brincando, fazendo coisas de barro, "extraindo formas", constitui um primeiro esboço da escultora G. H., à procura da "escultura imanente". "Desesperada do próprio fluir instável" sofre, como a personagem de *PSGH*, a "angústia do eu inatingível".

Já em *A Cidade Sitiada*, encontramos ecos desse mundo amorfo, a que a mente humana impõe apenas um contorno artificial. Fracassam "os seres que se debatiam em torno da realidade sem conseguir tocá-la", como fracassa a tentativa de Lucrécia, mulher-camaleão ("ela sempre imitara os seus homens") de encontrar-se no marido ou no amante. Sua maneira de arrumar a sala, de dispor os bibelôs, prenuncia o gosto de G. H. por arrumação de casa, simbólico da obsessão de tentar ordenar o mundo à sua volta.

As mesmas preocupações, o "mesmo contínuo questionamento da possibilidade de conhecimento", atormentam Martim,

---

67. Oliveira, 1985: 4-11.

personagem principal de *A Maçã no Escuro*. Ele sente que, "olhadas de perto, as coisas não têm forma". Por isso, "nunca se lembrara de organizar sua alma em linguagem, ele não acreditava em falar – talvez com medo de, ao falar, ele próprio terminar por não reconhecer a mesa sobre a qual comia". Não quer "ficar preso num círculo de palavras", pois tudo "foi corroído e estragado e erguido pelo espírito"; a verdade "foi feita para existir e não para sabermos. A nós cabe apenas inventá-la".

Ainda assim, "retiradas das coisas a camada de palavras", Martim sonha com "a calma profundidade do mistério". Seu alvo máximo é "atingir a compreensão, ultrapassá-la, aplicando-a". Para isso, luta com as armas mais extremas. Com o objetivo de descobrir a si próprio, não hesita em chegar ao crime e tenta matar a mulher. Entretanto, à semelhança de G. H., não desconhece a necessidade do "outro", do ser que, "limitando-a, traça os contornos da nossa individualidade": "precisamos ser alguma coisa que os outros vejam, se não os próprios outros correrão o risco de não serem mais eles mesmos, e que complicação então". Ademais, o Deus que Martim vislumbra, "na harmonia feita de beleza e horror e perfeição e beleza e perfeição e horror", é bem semelhante ao Deus de G. H., manifesto na imagem da barata, metáfora central do romance, que é, ao mesmo tempo, a "imunda" e a "jóia do mundo".

Dentre as questões tratadas por Lispector, a autora ressalta: a intersubjetividade, a intencionalidade, a abertura da consciência para o mundo exterior, a tensão entre o eu e o não-eu, a indissolúvel unidade do sujeito e do objeto e a nostalgia do inatingível universo da "coisa em si", além do mundo do fenômeno.

Referindo-se aos motivos pelos quais *PSGH* reorienta a ficção da escritora, Solange de início anota os fatos de a obra constituir-se de um monólogo e de terminar sem o ponto final dos quatro romances anteriores.

Em *Uma Aprendizagem ou O Livro dos Prazeres*, de 1969, a pontuação inusitada se repete, pois o livro começa com vírgula e termina com dois pontos. Já em *A Hora da Estrela*, de 1978, há multiplicação de narradores.

O LEITOR SEGUNDO G. H.

Denominando *PSGH* romance polifônico, e assim aproximando-o de Joyce, Proust, Kafka, a ensaísta afirma: cada vez mais Clarice é texto, no sentido de Barthes: "avança até os limites das regras de enunciação – da racionalidade, da legibilidade etc. – é sempre paradoxal e dilatório".

Em seguida, observa que em *PSGH* os objetivos da personagem principal são os mesmos que os do romance polifônico: "libertar-se das próprias estruturas do pensamento oficial. Entre essas, a ideologia".

Outras características do romance polifônico, que Solange encontra em *PSGH*, são o texto circular, isto é, sem princípio nem fim e a estrutura dinâmica, na qual as três unidades do espaço textual (o sujeito da escritura, o destinatário, o contexto do romance) "se digladiam num diálogo de conclusão impossível".

Além disso, há, ainda, o constante apelo a efeitos evocativos de outras artes (G. H. é escultora e "é de pintora a voz que fala em *Água Viva*, de 1973"), o que constitui "um dos aspectos barrocos do estilo de Clarice", na medida em que "busca ultrapassar os limites da linguagem, recorrendo aos paralelos com efeitos próprios da escultura, da pintura e da música".

Quanto à visão do artista projetada pela escritora, Solange a identifica com aquela presente na *Estética* de Croce: o artista é "aquele que vê, que tenta dar forma ao caos da experiência". No caso de Clarice, a forma começa com a "renúncia aos moldes tradicionais", pois aspira a constituir-se "sozinha, como uma crosta que por si mesma endurece". Tal recurso, que também se desenvolve por meio de paralelo com as outras artes – especialmente a música, "arte ideal, onde é impossível distinguir forma e substância" – constitui mais um fator de semelhança entre Clarice e grandes nomes da ficção contemporânea.

Um elemento de *PSGH* sobre o qual a autora chama atenção, por "devassar um ângulo insuficientemente esclarecido no romance", é o de que, nesta obra, pela primeira vez Lispector aborda "o problema da luta de classes", o qual, a seu ver, aparece como "metáfora dos problemas filosóficos e dos conflitos pessoais", "como se fosse uma primeira etapa na apreensão da condição humana".

Assim G. H., que habita as "supercamadas das areias do mundo", o "topo da pirâmide", representado "por seu luxuoso apartamento de cobertura", como parte de sua "paixão" precisa aprender a confrontar-se, "na pessoa da empregada Janair, e de seu duplo, a barata", com as classes chamadas "inferiores". Neste contexto, para ela descobrir o ser humano contido em Janair coincide com abraçar a imanência.

Após tais considerações introdutórias, a autora passa ao primeiro capítulo do ensaio, dedicado ao foco narrativo, ao tempo e ao espaço em *PSGH*[68].

Começa com a inserção de *PSGH* no contexto do romance moderno, caracterizado pelo "esvaziamento do objeto da narrativa".

Assim, sua estrutura de monólogo, em que os fatos são raros, e "aparentemente insignificantes", adquire "funções equivalentes à de um solilóquio numa peça de teatro isabelino": "representar o que se passa na mente da personagem, restringindo-se a ela, como se nela apenas penetrasse o autor implícito na *persona* da narradora".

Após sintetizar o percurso do romance "da prosaica situação inicial" ao "desenvolvimento complexo", a autora chama a atenção para o fato de que, como em toda obra de arte, em *PSGH* há "um convite para que o destinatário da mensagem adote a atitude do artista que a emite", o que implica entender sua mensagem como um "desafio a todos os valores convencionais".

Passa, então, à análise dos fatores pelos quais esta leitura se torna possível. Em seu entender, no romance existe um "efeito de profundidade", provocador da "ilusão de vários pontos de vista e de planos superpostos", o que sugere "o exame simultâneo de muitos dados da condição humana".

O recurso técnico que lhe parece mais evidente na articulação

---

68. Oliveira, 1985: 14-29.

deste efeito é a "estruturação de várias imagens concatenadas, de forte efeito expressionista, tendo como denominador comum o fato de partirem todas de um objeto de muitas camadas, provocando a sugestão da multiplicidade na unidade". E enumera as referidas imagens: os vários andares do edifício onde mora G. H., as camadas arqueológicas estratificadas da terra – revelando vestígios das civilizações sucessivas –, as cascas de uma cebola, as dezenas de camadas de tecidos que a biologia revela existir até nas antenas da barata.

Essas imagens articulam-se com a forma narrativa e com as categorias de tempo e espaço, as quais também se marcam pela "sugestão de unidade na multiplicidade".

Estudando a questão da forma narrativa, Solange propõe-se a verificar como o ponto de vista único existente no romance, pois nele "o autor implícito assume a *persona* da narradora, que é também a personagem central", consegue o efeito de profundidade.

Para fazê-lo, recorre à caracterização de G. H. Por um lado, trata-se de "alguém que se vê e se mostra ao mundo de forma tão superficial que não parece constituir uma pessoa". Por outro, entretanto, "a narradora apresenta sua amável interpretação de si mesma". G. H. parece individualizar-se, por meio de seu *status* social, revelado pela "propriedade do apartamento onde reside" e de sua condição de "escultora amadora".

Na alusão que G. H. faz às aspas, em determinado trecho do romance ("Sempre conservei uma aspa à esquerda e outra à direita de mim"), estaria, para Solange, uma possível indicação de que esta primeira descrição pode ser enganadora/incompleta, pois "uma das funções desse sinal de pontuação é [...] indicar o uso de uma palavra com sentido diferente do habitual".

Uma contradição aparente, que se explicita ao longo do romance, é utilizada para apoiar tal afirmação. G. H. reiteradamente define-se pelo negativo, pela "vida inexistente", mas, ao mesmo tempo, essa negação, o "como se não fosse eu", "parece-lhe mais ampla do que uma afirmação", o que mostra que ela aspira, por meio da renúncia à individualidade e ao próprio nome, a "identificar-se com todos os seres humanos"[69].

Assim, a primeira apresentação de G. H. por si mesma "vai aos poucos cedendo lugar a uma imagem imprecisa", que crescentemente se define "pelo negativo, pela ausência, pelo que não é". Nesse contexto, a imagem dos instantâneos de fotografia, que repetidas vezes propõe para si mesma, "representaria paradoxalmente a concretização daquilo que lhe falta", "à semelhança do que ocorre, segundo a crença de alguns, quando o espírito dos mortos se materializa por meio do ectoplasma, secreção proveniente do corpo do médium"[70].

Após verificar que G. H. não almeja desvendar este senso do mistério da individualidade, mas que, em vez disso, quer perder-se nele, a fim de estabelecer um contato verdadeiro com a realidade (destituído de fórmulas, de interpretações, de tentativas de explicação), a ensaísta conclui que "para essa maneira de ver, seriam necessárias simultaneamente todas as perspectivas narrativas possíveis". E desta forma justifica o fato de a narração não se deter na primeira interpretação de G. H. por si mesma.

Assim, dentro da narrativa em primeira pessoa, e dentro do foco único, o autor implícito forneceria a ilusão de multiplicidade de pontos de vista, conseguindo uma perspectiva múltipla e variável, à qual corresponderia a visão válida da realidade, segundo G. H.: uma visão simultaneamente "multiforme e amorfa, no universo exterior como no indivíduo"[71].

---

69. Para a autora, tais observações aplicam-se a quase todos os personagens de Clarice: "são tipos, abstrações, porta-vozes para a discussão metafísica, antes que as personagens complexas, realistas, da ficção do século XIX".
70. Como a fotografia se revela a partir de um negativo, ela se presta a identificar a visão que G. H. possui da vida humana: ela a identifica como existência, e, portanto, como mascaramento da essência.
71. Para Solange, essa visão objetiva exige o contrário da identificação, que limitaria a visão do leitor à da narradora. "A personagem deve ser vista com o distanciamento colocado, por exemplo, entre a platéia e as personagens pelo teatro épico de Brecht". É interessante contrapor a esta opinião a de Benedito Nunes, que afirma que nas narrativas claricenas em primeira pessoa, como

A fim de conciliar o relato na primeira pessoa, responsável pela impressão de unificação, com a ilusão do ponto de vista múltiplo, os recursos utilizados pela narrativa seriam a contínua alusão a fotografias, a sugestão do esforço de G. H. para ver-se pelos olhos do "outro", "pedra de toque da pessoa humana", as várias referências ao "mural", a mudança da primeira para a terceira pessoa, a entrada no quarto da empregada[72], a visão da barata.

Para se representar essa visão, o símbolo utilizado é um órgão estudado pela biologia: "o olho multifacetado que, nos insetos superiores, reflete a imagem como num mosaico". Desta forma:

> Com a imagem das múltiplas visões alcançadas pelo olho facetado da única barata, a narradora representa sua ânsia de, renunciando à visão simplificada de si mesma, ver-se de todos os pontos de vista possí-

PSGH, em que "ocorre o descentramento do próprio eu de quem narra, o monocentrismo reaparece, desta vez porém identificando, sem disfarce possível, o sujeito que se faz personagem, e que manifesta, cruamente, a sua *persona*, a sua máscara de escritor" (Nunes, 1989: 151). Na medida em que G. H./Clarice se mostra simultaneamente como escritora e como personagem em *PSGH*, envolvendo o leitor na própria tessitura de seu relato impossível, torna-se discutível a manutenção do distanciamento preconizado pela ensaísta.

72. Vejamos como a autora justifica os elementos para ela deflagradores da ilusão do ponto de vista múltiplo, ao longo da narrativa. A fotografia, como "símbolo recorrente da objetividade" [...] lembra ao leitor a necessidade de ver G. H. [...] objetivamente, [...] com a visão neutra da máquina fotográfica"; com relação ao esforço de G. H. para ver-se pelos olhos do "outro", ela comenta que "G. H. fugira longo tempo a esse confronto: solteira, protegera-se dos sentimentos mais fortes, isolara-se da luz, cercando o apartamento de cortinas; em vez de um grande amor, tivera uma série de amores; grávida, provocara o aborto"; quanto ao mural, nele Solange vê um "espelho que devolve em ricochete a imagem da narradora, vista de um ângulo diferente"; sobre o quarto, que se converte em caverna primitiva, ele "tem o poder de retê-la, desprovida de suas muletas sociais, para uma nova apreciação de si mesma". Nesse sentido, o corredor escuro da área de serviço simbolizaria "a passagem da individualidade, da prisão do eu, para a impessoalidade, da racionalidade para o inconsciente". A expressão "o outro lado do cubo", "referência óbvia à pintura cubista", em que "o objeto é representado de vários ângulos simultaneamente", reafirma a tese da necessidade de pluralidade, "até que se complete a metamorfose e o horror se transforme em claridade". Segundo a

veis. Como no caso da pintura cubista, a multiplicidade de ângulos conduz à abstração. G. H. transforma-se no Homem, no que tem de mais abstrato, a sua condição existencial[73].

Com relação ao tempo, a autora procura mostrar que o procedimento é semelhante, pois, a fim de transmitir a mesma impressão ambígua, em que unicidade e multiplicidade se mesclam, "expande-se e contrai-se como uma sanfona, dependendo dos efeitos estéticos visados pela estrutura narrativa".

Com base na classificação de Genette, identifica com o conceito de *stasis* a temporalidade do romance: "o discurso continua, enquanto, no universo ficcional, o tempo parece estacar". Abarcando tanto "recuo no passado" quanto "avanço no futuro", a mente de G. H. abrange

toda a existência do homem na Terra e, anterior a ele, a própria história do planeta e da evolução da vida. Por outro lado, [...] volta-se também para o futuro, para o inevitável retorno ao cotidiano, quando, passada sua epifania, freqüentará boates de luxo e procurará esquecer a terrível experiência vivida no quarto de Janair. Outro futuro, também abarcado por sua mente, é o de um provável cataclismo atômico.

Deste modo, para a ensaísta fica claro o efeito de profundidade do romance, também nesse aspecto de sua estruturação, o que sugere ao leitor a percepção simultânea da multiplicidade de aspectos: "tudo olha para tudo, tudo vive o outro".

    ensaísta, "para isso, como Alice", G. H. "tem de viajar através do espelho, desfazer-se da visão imposta pelas várias perspectivas religiosas, morais ou legais, que forjam a pessoa humana. Quer ver-se enfim com o olho da realidade complexa, irredutível a fórmulas".
    Assim, "como que desvinculando da sua a sensibilidade do leitor, a narradora se apresenta e, ao mesmo tempo, distancia-se", pois a "narrativa tenta desvincular G. H. de seu próprio rótulo e, ao mesmo tempo, refletir o esforço da personagem para atingir a impessoalidade, a objetividade".
73. Desta forma G. H., "uma diletante, superficial na arte como na vida", é "também a grande mística", pois renuncia ao próprio eu, trilhando a via dolorosa da união com um Deus que desconhece.

Por outro lado, como também verificou Affonso Romano, há exatidão temporal: "Às 10 horas G. H. já penetrou no quarto e já entreabriu o guarda-roupa, de onde a barata emergiu. Às onze horas o inseto pende, esmagado, da porta do armário, intensificando o prolongado transe da narradora. Durante mais de uma hora, G. H. perde a noção do tempo, que é simultaneamente 'agora', [...] 'o tempo sonhado por Fausto, a eternidade contida no momento'".

Concluindo esta parte do estudo, Solange Ribeiro de Oliveira afirma que "o tempo no romance adquire uma dimensão épica", o que permite ao leitor "reconstruir a história do homem e do planeta, ao mesmo tempo que a vida da personagem"[74].

Quanto à dimensão espacial, seu tratamento identifica-se com o tratamento dado ao tempo, em que predomina a polissemia. Assim, o apartamento de G. H. localiza-se, simultaneamente, "no Rio de Janeiro", "em todos os lugares e em parte nenhuma, ao lado da caverna dos trogloditas, como na selva de pedra carioca", havendo na obra momentos em que ambas as dimensões (tempo e espaço) se fundem, e em que o tempo aparece como uma dimensão do espaço. A título de exemplificação, a autora mostra que o "quarto em que G. H. medita, e a hora em que o faz, parecem-lhe a mesma coisa", como se vê no seguinte trecho da obra: "estava eu sem passagem livre, encurralada pelo sol que agora me ardia nos cabelos da nuca, num forno seco chamado dez horas da manhã".

Assim, o monólogo desenvolvido por G. H. não ocorre exatamente no apartamento de um edifício, "mas nos escombros da civilização de nossos dias". Por isso, o "edifício que ela sente prestes a desabar é todo o mundo ocidental, ameaçado de um holocausto nuclear".

---

74. "A superposição dos planos temporais é extremamente adequada à natureza temporal dos temas tratados: todos os tempos quase equivalem a tempo nenhum, ou à suspensão do tempo na eternidade. Dentro desse esquema, projeta-se a luta de G. H. contra o que, para ela, representa o vazio e o sem-sentido do universo, e contra os mil véus que se interpõem entre a mente e a realidade. Contribui também para o efeito de distanciamento, que pode conduzir o leitor a uma visão nova."

No final do capítulo, a ensaísta refere-se à justaposição de formas verbais, "algumas delas incompatíveis na linguagem cotidiana", como modo de recriação artística da "coexistência de todos os tempos", da "perspectiva do eterno presente na contemplação mística de G. H.".

No segundo capítulo[75], dedicado aos aspectos barrocos do romance de Clarice Lispector, os temas barrocos que lhe parecem nele presentes são a "dúvida sistemática em relação à possibilidade do conhecimento", a "visão da verdade como algo que sempre inclui o seu oposto" e a "preocupação com a precariedade da aparência".

Quanto aos procedimentos identificados com este estilo, a ensaísta destaca e comenta o uso de paradoxos, oxímoros e antíteses paralelas, do qual resultaria uma "tensão equilibrada", proveniente do "jogo de expressões contrastantes", o "contraste obsessivo entre a claridade ofuscante do quarto de Janair e a penumbra protetora do resto do apartamento" e a preferência por metáforas nas quais se explora "a surpresa conseguida pela diferença, mais que pela semelhança", dos elementos comparados.

Outra característica barroca de *PSGH* seria a presença de dados da ciência moderna, contribuindo para o "efeito de estranhamento" do texto clariceano. A fim de examiná-la, a autora extrai do romance conceitos da biologia, da geologia, da física, da química etc., os quais vê como "matéria-prima" para a elaboração de "imagens orgânicas", de que resulta, em grande parte, "a coesão de *PSGH*".

Assim, o conjunto de informações, por exemplo sobre a barata, auxilia o processo por meio do qual o leitor, lentamente, "é levado a enxergar no inseto repugnante uma imagem": a da empregada, a do amado, a da narradora-protagonista, e, enfim, a da realidade última.

Outra exemplificação de tal procedimento realiza-se através de um trecho do romance: "Os geólogos já sabem que no subsolo

---

75. Oliveira, 1985: 32-42.

do Saara há um imenso lago de água potável [...]. No próprio Saara os arqueólogos já escavaram restos de utensílios domésticos e de velhas civilizações: há sete mil anos [...] naquela 'região do medo' desenvolvera-se uma agricultura próspera. O deserto tem uma umidade que é preciso encontrar de novo". Aqui a "informação geológica e arqueológica está ligada à justaposição dos antônimos secura/umidade". Este par não apenas enfatiza a idéia recorrente "de uma mística conciliação de opostos", mas remete a toda a estruturação semântica do romance, pois os adjetivos seco/úmido representam "os pólos contrários da imanência e da transcendência, entre as quais a narradora se dilacera, na agonia de sua paixão".

No capítulo 3[76], cujo tema é a complexidade da metáfora em *PSGH*, a ensaísta associa a escolha da barata como metáfora central do romance a seu "caráter eminentemente moderno e renovador", na medida em que revela "o traço essencial da arte moderna", de acordo com Hegel: "a recusa do belo, o choque entre o mundo das aparências e o do espírito, o contraste com a harmonia do texto clássico".

Além disso, a barata também poderia ser interpretada como "metáfora da violência do sublime", agora na esteira de Merleau-Ponty.

Nesse sentido, "*PSGH*, tomando como símbolo da luta pela apreensão da verdade, e de todos os relacionamentos humanos, o pequeno ser asqueroso, representa uma das configurações mais claras do sublime na literatura contemporânea".

Passa, então, a enumerar e comentar as várias formas de reduplicação da imagem da barata ao longo do texto, a fim de apontar as razões de sua complexidade, enquanto construção metafórica. Para tanto, de início refere-se à identificação entre o inseto e Janair, "os verdadeiros habitantes do quarto de G. H", anotando as semelhanças na descrição de ambas, em seu significado de representação "do lado sombrio e repugnante da vida".

---

76. Oliveira, 1985: 46-54.

Em seguida, observa como a evolução dos sentimentos de G. H., que jamais vira uma barata, assim como jamais enxergara a serviçal, na medida em que vai misturando ao nojo a atração, e desta forma enxergando o "lado oculto das coisas", lentamente altera a descrição da mulata e do inseto, por meio da inclusão de aspectos nobres, evocadores de opulência e realeza[77].

Após a análise de todos os passos do processo pelo qual G. H. cumulativamente vai identificando a barata com sua vida (o filho abortado, o homem amado), até fazê-lo consigo própria, e com a vida, maior do que ela, o que reflete sua "progressiva aceitação dos laços humanos, e de toda a realidade", a ensaísta conclui: "Feita essa identificação entre as duas, o confronto de G. H. com Janair e com a barata revela-se um só: o encontro com o outro, o ser que, chocando-se conosco, nos define".

No capítulo 4[78] de *A Barata e a Crisálida*, Solange prossegue seu estudos sobre *PSGH*, ressaltando-lhe a dimensão social.

Para tanto, parte da tese de que no romance a questão social é apresentada "por meio de uma rede de imagens densamente entrelaçadas", tornando-se "o símbolo de outro problema: o confronto do homem com a realidade e com a angústia existencial".

Desta forma, o significado inicial converte-se em significante de um outro significado, por sua vez fugidio. Haveria, em sua opinião, "uma relação dialética entre os vários aspectos da consciência" – o pessoal, o social e o místico ilustrados pelo longo solilóquio de G. H.

---

77. Referindo-se aos elementos multiplicadores da imagem da barata, a autora comenta o seu ressurgimento, no texto, disfarçada numa série de animais que a lembram: grilos, gafanhotos, lagosta, escaravelhos, escorpiões, tarântulas, mosquitos, *crevettes*. Outro elemento seria o uso de expressões já usadas para o inseto, mas empregadas, outra vez, para descrever fenômenos aparentemente sem ligação com ele. Por exemplo, a descrição do traço grosso do mural, como um tremor seco. Assim, "antecipando, ou revendo e enfatizando a imagem, pela contínua repetição dos termos descritivos aplicados ao inseto, mantém-se o símbolo do encontro de G. H. com a realidade mais profunda que consegue lobrigar".
78. Oliveira, 1985: 56-68.

Iniciando a leitura, a ensaísta interpreta o gosto de G. H. por arrumar a casa como expressão de seu desejo de "emoldurar a realidade", em consonância com "seus sistemas tradicionais", em especial "os preconceitos de classe". Ela, que quase já se transformou na "máscara social que compôs para si mesma", como artista "tenta impor uma forma à matéria da vida". Mulher de propriedade, sua posição no topo da pirâmide seria representada pelo prédio em cuja cobertura vive, os andares correspondendo às classes, rigidamente separadas.

O urânio e o petróleo que vislumbra, ao contemplar o fundo do edifício, teriam, nesse contexto, a significação de riqueza extraída da terra, produzida pelo "duro trabalho humano", o urânio – "um dos elementos utilizados para a elaboração da bomba atômica" – sugerindo, ainda, "a violência de uma possível revolução". Por outro lado, a expressão "ruína egípcia", com a qual designa a mesma visão, refletiria a "obsolescência da sociedade de classes", na concepção da ensaísta.

A descida de G. H. ao fundo de seu mundo interior seria representada, desta forma, pelo fundo do prédio, e também pelo "feixe de imagens organicamente relacionadas com ele". Tais imagens, "concentradas na idéia de inversão da ordem", sugeririam uma "destruição iminente do sistema social", reforçada pela decisão de G. H. de que a limpeza do quarto se iniciaria pela "cauda" do apartamento, o quarto da empregada, em cuja porta ela sente que está "a um passo antes da revolução".

Seu gesto proibido, a que alude quando joga um cigarro aceso no fundo do prédio, consistiria, na verdade, em "romper as barreiras ideológicas que a separavam do mundo de Janair".

Ao encontrar o quarto de Janair – que julgava imundo – impecavelmente limpo, a patroa "sente que a serviçal violou seus direitos de proprietária do apartamento", pois, por meio da conservação do quarto, Janair teria encontrado uma forma de afirmar-se como pessoa, de colocar-se acima da dona da casa, "numa ousadia de proprietária". Por isso, "o quarto parecia estar em nível incomparavelmente acima do próprio apartamento".

O fato de G. H. identificar-se com a nudez da mulher do desenho de Janair, por sua vez, poderia ser entendido como índice de vulnerabilidade, de privação do seu papel social. "O que a irrita acima de tudo é que a censura muda que lê no desenho fora expressa por alguém de uma classe social inferior", o que desencadeia um "ódio impessoal", correspondente ao "ódio do opressor pelo oprimido" e prenúncio do ódio que G. H. sente pela barata, antes de tentar matá-la.

Comparando deste ponto de vista o contraste entre a secura do mundo de Janair e a umidade do mundo de G. H., Solange refere-se ao primeiro – "empoeirado", "reminiscente do nordeste brasileiro" – como "o mundo aberto mas desolado e cru dos pobres" e ao segundo como o mundo "dos abrigos frescos e elegantes, embora fechados, onde os privilegiados se protegem contra o espetáculo do sofrimento dos humildes".

A travessia entre os dois é entendida, assim, como parte do processo da "paixão" de G. H., ao longo do qual ela "muda do ódio para a aceitação da empregada". E, paralelamente, enfrenta e aceita todos os seres humanos, "até que finalmente tateia à procura do próprio eu e da realidade última", ponto em que a questão social já se converte em "metáfora para o problema mais vasto da angústia existencial".

De acordo com esta leitura, em que Janair e a barata (que a autora já havia colocado como imagens do mesmo ser) representariam as classes desfavorecidas, o longo percurso de G. H. teria sido deflagrado pela rebelião do oprimido, "supostamente implícita na arrumação do quarto e no desenho da parede", desenvolvendo-se por meio da figura central da barata. Ela faz lembrar a infância pobre de G. H., o que deflagra a questão mais ampla da "exploração do homem pelo homem", sua fecundidade significa uma ameaça de cunho ideológico (a multiplicação do inimigo *versus* o baixo nível de natalidade das classes ricas), e, enfim, sua aceitação, por G. H., corresponde a "um suicídio de classe"[79].

---

79. Uma das formas de figuração deste suicídio, para a autora, seria o fato de G.

Assim, a ambivalência da personagem, dividida entre a atração e a repulsa por tudo o que a barata representa, e que ocupa largo espaço no romance, poderia representar seu próprio sentimento de impotência diante da necessidade de transformação da realidade, pois

> Na sua condição de mulher, e mulher sem um diploma que lhe garanta uma profissão de prestígio, sente-se duplamente discriminada, duplamente incapaz de deflagrar uma revolução.

Ao concluir sua análise, a autora menciona o fato de *PSGH* ter sido publicada no mesmo ano da Revolução de 64, o que, em seu entender, se não permite "uma correlação simplista entre a mensagem do romance e a ebulição social da época", por outro lado "não podemos deixar de notar a sua convergência. Mesmo porque os semitons políticos dificilmente escapariam, ainda que de maneira subliminar, ao leitor sofisticado implícito na estrutura da obra".

O capítulo 5 – "O Social como Metáfora do Existencial em *PSGH*"[80] – sintetiza idéias já apresentadas, fundamentalmente relacionando os vários sentidos metafóricos e os vários planos temporais do romance com a imagem, em camadas, da barata. Embora um pouco longo, há um trecho que merece citação, por seu caráter de percepção global da estrutura da obra:

> Tal como os andares do edifício, as camadas geológicas da Terra e as cascas de uma cebola, igualmente usadas como imagens, os tecidos superpostos sugerem os três planos estratificados do passado, o individual, o da espécie humana e o do planeta. A narradora mergulha em todos os três tipos de passado, durante o semidelírio provocado pela contemplação do inseto esmagado. [...] As sucessivas camadas de tecidos evocam ainda planos de indagação a que G. H. se submete. Ela questio-

---

H. não se transformar de larva em crisálida, "mas, invertendo o processo, de crisálida – o ser privilegiado – na larva humilde, que é o filhote da barata, a que se arrasta pelo chão".
80. Oliveira, 1985: 70-78.

na sua vida inteira, especialmente a sua negativa sistemática de comprometer-se em relacionamentos verdadeiramente humanos. G. H. descobre, progressivamente, no inseto, além de si mesma, os seres antes rejeitados: a empregada, o filho abortado, o homem amado. Na solidão do quarto da doméstica G. H. tem, afinal, seu encontro com essas várias imagens do "outro". Disso, G. H. passa à reflexão sobre o problema social. [...] Num terceiro plano – como se fosse uma outra camada de tecidos da barata – G. H. mergulha na busca metafísica da realidade última.

Para a autora, um dos principais motivos da singularidade artística de *PSGH* reside exatamente na polissemia da imagem da barata que, por figurar a coexistência dos três planos do romance, consiste numa "metáfora da metáfora", reveladora, em última instância, de nossa "simultânea atração e repulsa pelo 'outro', e pelo divino, tudo aquilo que, ao mesmo tempo, nos define e nos aterra". Ela seria, assim, uma sofisticadíssima expressão do sagrado, em seu sentido de alteridade "radicalmente diferente dos fenômenos cotidianos e humanos", "irredutível a toda outra experiência". "É a alteridade do *numen*".

Nos dois capítulos finais da obra[81] – "Um Exemplo de Mudança de Código no Romance de Clarice Lispector, Sintaxe e Visão de Mundo" –, a ensaísta enfoca as dimensões léxica e sintática de *PSGH*, primeiro mostrando como a tensão entre elementos léxicos usados em seu sentido comum e elementos que se afastam desse sentido (às vezes em direção oposta) transforma-se em dado estrutural relevante, por contrariar as expectativas do leitor e assim permanentemente lembrá-lo de que "a luta de G. H. pelo encontro da realidade total começa pela batalha com a linguagem"[82].

Desta forma, a necessidade que G. H. tem de renunciar "a uma visão familiar, mas restritiva, do mundo", em favor de "uma acei-

---

81. Oliveira, 1985: 80-106.
82. De acordo com a ensaísta, "os deslocamentos no universo semântico do romance constituem a estratégia básica usada pela autora para propor nada menos que a eliminação de todos os sistemas de interpretação da realidade, na tentativa de apreender essa mesma realidade na sua pureza original".

tação aberta, mas ameaçadora, da realidade", coloca-se "no âmago da estrutura semântica do romance"[83].

Finalmente, Solange comenta a "enganadora simplicidade da linguagem" de *PSGH*, explorando aspectos do romance em que "a sintaxe translúcida" coexiste com a mencionada recriação do código, parcial mas sistemática. Após vários exemplos e comentários, a autora atribui a dois elementos – a coesão, conjugada com a polifonia surpreendentemente rica e complexa, além de qualquer tentativa de descrição – a dificuldade de leitura de *PSGH*, acrescentando que, "para executá-la", "serão necessários os recursos mais poderosos do mais competente dos leitores".

Em "A Lógica dos Efeitos Passionais: Um Percurso Discursivo às Avessas"[84], Norma Tasca propõe-se a uma investigação de *PSGH*, focalizando-lhe as operações discursivas. Para tanto, parte de uma pergunta: *PSGH* é "busca de uma forma que encene a via crúcis subjetiva, encadeando as suas etapas conforme a lógica interna de qualquer narrativa, ou errância do sujeito e do sentido?"

A razão da pergunta é outra pergunta, igualmente exemplar: "O ato de narrar não pressupõe acaso uma identidade subjetiva estável?"

Por meio dessas questões, a autora entra no universo textual, com o pressuposto de que G. H. constitui "uma subjetividade necessariamente heterogênea, bipartida entre o sentido e o não-sentido", pois o que precisa relatar é irredutível à linguagem. Nesse contexto, o relato torna-se "um desafio, uma aventura impossível de concretizar-se", na medida em que "envolve dar uma forma ao informe".

Assim, este sujeito – "entidade estilhaçada em sensações, sentimentos, paixões" – constrói-se "num discurso marcado pelo afe-

---

83. "O sentido – ou a abolição do sentido artificial – visado por G. H. esboça-se e desfaz-se a cada momento. [...] Em vez do processo linear, as palavras de sentido diferente do dicionarizado aparecem num movimento semelhante ao de círculos concêntricos, em contínua revolução, dando a ilusão de aproximar-se cada vez mais do âmago do significado, sem, contudo, jamais explicitá-lo totalmente."
84. Edição crítica de *PSGH* – Nunes, 1996: 262-292.

to inominável que faz da realidade evocada uma referência longínqua", o que impede a "identificação exata dos elementos que põe em cena", desestabiliza a significação, conduz o leitor ao "subsolo da vida psíquica, ou seja, aos confins do sentido". Trata-se, portanto, de uma "entidade passional", que "privilegia as operações susceptíveis de garantir o seu percurso", fazendo dele um "processo textual aberto que compromete a ordem do discurso".

A autora introduz, então, o seu objeto mais específico de trabalho, por meio de uma terceira pergunta: quais são as operações lógicas subjacentes aos efeitos passionais?

A partir daí, passa a estudá-las, priorizando a diferenciação entre narrativa e discurso, através de instrumental teórico de extração estruturalista.

Com relação a tal aspecto, observa que os enunciados intransitivos, isto é, que não explicitam o objeto faltante, disseminados pelo texto, geram uma falta, por sua vez geradora "de tensão e de espera". Em outras palavras, o sujeito do discurso insinua-se "hesitante como um actante modalizado pelo querer", que reiteradamente "anuncia o seu projeto de dizer, ou de criar o que aconteceu".

Na medida em que este sujeito orienta suas ações para a realização de algo que não acontece (arrumar o quarto), tal suspensão do fazer "impede uma transformação de estados", ou seja, "a progressão narrativa que nela se fundamenta".

Neste contexto, resta "o relato desta impossibilidade mesma", ao longo do qual o "sujeito da ação pragmática" converte-se em "sujeito passional", passando do lugar de agente para o de paciente, "não mais voltado para o objeto, mas por ele afetado".

"E a narração ganha assim uma dinâmica singular, construindo-se numa superação gradativa de seu modelo representativo, avançando aos sobressaltos e às avessas, vendo o seu encadeamento sintagmático constantemente perturbado."

"Sobrepondo-se aos efeitos de sentido de tempo e de espaço, e com eles se articulando", uma outra temporalização e uma outra espacialização "vêm desreferencializar internamente o discurso", uma vez que tanto as localizações espaciais quanto as temporais determinam-se timicamente.

O sujeito do enunciado ("de quem se diz que atravessou uma experiência decisiva para o seu ser"), pelo seu ato presente de narrar, não corresponde ao sujeito da enunciação, embora haja momentos em que este irrompa naquele. Na verdade, ambos os sujeitos "desandam no seu percurso", no sentido de que sistematicamente "retornam sobre o dito, aspectualizando-o sob o modo do excesso", o que faz com que as entidades redundem "instáveis, melhor ainda, exorbitantes, continuamente submergidas a novos enfoques".

Assim, se a modificação da relação sujeito/objeto, a sua perturbação, dado o "timismo exacerbado" e a decorrente "perda das suas marcas distintivas" têm conseqüências no nível da narrativa, "a fusão entre os actantes da enunciação e do enunciado e a irrupção neste do primeiro" provocam uma constante "deslinearização dos enunciados", o que problematiza mais ainda o encadeamento sintagmático. No entanto, trata-se de fusão inevitável, na medida em que decorre da formulação de um projeto de reprodução da experiência vivida, que implica criar uma "linguagem sonâmbula".

Reproduzir envolve esta proximidade arriscada entre o presente da enunciação e o passado da experiência vivida, que conduz à dissipação do sentido: "só como réplica da paixão subjetiva o texto poderá retraçar a sua arqueologia". De um lugar insustentável, o eu que narra, idêntico a si próprio, ou confundido com o que vê, "numa coalescência contagiante que atinge o eu delegado no enunciado", transporta a indiferenciação que narra para o plano do discurso. Daí resulta "a via crúcis discursiva".

Desta forma o discurso, extraído da falta de um objeto preciso, torna-se a "compensação discursiva dessa falta", o sujeito da enunciação (do enunciado) visando através dele preencher o vazio. Eis o porquê da "profusão de visões", do "desvario sintagmático dos objetos", cuja significação "um nada, como uma barata", condensa.

Ou seja: o que o sujeito da enunciação narra é a paixão que nasce do vazio de um "objeto impossível", o esforço para preenchê-lo, a intensidade, enfim, que se diz através da "vertigem dos elementos". De onde, conseqüentemente, este discurso passional que, "em vez de integrar atos contínuos, pressupondo um fim", "decompõe estados subjetivos descontínuos", justapondo-os, para "desembocar numa totalidade lingüístico-subjetiva impossível".

A fim de explorar as articulações do discurso, no sentido de aprofundar a questão relativa à impossibilidade de progressão narrativa, a autora novamente se utiliza de uma pergunta: "quais as operações que o timismo, filtro primeiro e fundamental dos elementos discursivos, elabora para, apesar da ordem sintagmática que ele afeta, garantir a continuidade do processo, do discurso?"

Operador responsável pelas transformações profundas do discurso, a repetição encena "de forma mais forte e mais enérgica", conforme pretendiam os antigos retóricos, "a complexa subjetividade passional" que se inscreve em *PSGH*. Visando "mais reproduzir que exprimir o sujeito passional, atualiza o que mais caracteriza semanticamente o lexema paixão nas suas várias acepções: a intensidade". Só ela é capaz de reproduzir a experiência vivida. "E, de fato, a preponderância da repetição, nas suas múltiplas formas, dá conta desse traço aspetual, da sua realização dependendo o estatuto a ser conferido ao discurso", ao qual ela imprime uma outra "lógica".

Após exemplificar e analisar as várias modalidades de repetição presentes no texto, a ensaísta conclui: "Trata-se de um retorno constante e obsessivo do discurso sobre si mesmo, em busca de uma definição (de um objeto) impossível, num percurso às avessas, em que qualquer definição é possível ou antes indiferente, em que qualquer categoria lexical e/ou sintática é para não ser no instante imediatamente a seguir".

Assim, por meio do exame dos múltiplos processos de repetição (em termos morfológicos e sintáticos) desvenda-se "o modo de existência paradigmático" de *PSGH*, ou, mais simplesmente, "o seu modo de existência poético".

Se tais são os efeitos da repetição, duas funções essenciais a caracterizam: "figurativizando" a intensidade passional, ela suspende a progressão narrativa, ao mesmo tempo em que garante a continuidade discursiva. Ou seja: ao pulsar a intervalos irregulares no corpo discursivo, a repetição constitui o subterfúgio que este encontra para, "apesar de sua fragmentação, manter a sua continuidade". Sinteticamente, a repetição "relança a tensão" e "nutre a espera".

Encenando esta paixão na linguagem, a "denegação da narrativa" toma a via da "repetição que cadencia o discurso" e, ao fazê-lo, "tece o seu ritmo para lá da impossibilidade de sua progressão". Ao nutrir a tensão, ao anaforizar a intensidade que o suscita, ela "reencontra-se na temporalidade subjetiva", "coordenando os seus filamentos" por meio do "filtro do afeto".

E desta forma o discurso expande as suas múltiplas figuras que "erram ambíguas", no interior de configurações que se entrecruzam, formando o todo elíptico.

Rede frágil de elementos, lábeis, efêmeros, provisórios, extraídos da incerteza semântica que no seu percurso o actante da enunciação instaura, através de segmentações/substituições constantes, recombinando-os numa permanente oscilação metafórico-metonímica. Para um tu, esteio imaginário de uma aventura debruada pelo irrepresentável e pouco catártica, necessária, no entanto, ao relato impossível e à geração dos artifícios que ela implica. Visando a sua ressurreição no e pelo discurso passional?

A fim de colocar outro exemplo de texto cuja análise é centrada em elementos discursivos, agora focalizando o assunto que foi desenvolvido ao longo deste trabalho – questão do leitor/da leitura de *PSGH* – passo a comentar "O Ato de Narrar em *A Paixão Segundo G. H.*"[85], escrito por Ângela Fronckowiak e publicado em 1998.

De início, a ensaísta reconhece "o caráter emblemático do romance", no sentido de "tornar aguda a tendência, já percebida em narrativas anteriores" de Lispector, de "problematizar a linguagem

---

85. Zilberman, 1998: 65-74.

enquanto meio possível e ao mesmo tempo impróprio de expressão autêntica". Examinando a fortuna crítica sobre o conjunto da produção da escritora, ela elege quatro elementos, os quais, a seu ver, acrescidos do mencionado, tornam difícil a leitura de *PSGH*: a rarefação do enredo e a diluição das noções de espaço e tempo; a elaboração de personagens com incidência de traços comuns em diferentes obras; a fluidez na delimitação do gênero e a repetição de motivos e imagens de obra a obra, gerando percepção de circularidade.

Mesmo assim, salienta a "disponibilidade" e o "comprometimento" que a obra desencadeia no leitor, ambas as coisas lhe parecendo inversamente proporcionais "ao teor desagradável e até mesmo repugnante da experiência narrada".

A fim de explicar essa "surpreendente persistência", a ensaísta refere-se à adoção, na seqüência textual, "de uma estratégia narrativa que solicita do leitor um envolvimento específico, a fim de corresponder à intencionalidade da obra".

Na esteira de Wayne Booth e de Mikhail Bakhtin, considera que tal envolvimento, "afetivo e emocional", decorre fundamentalmente "de um forte apelo retórico", conjugado com "a utilização de uma voz narrativa perfeitamente reconhecível no intertexto: a narrativa bíblica".

Ao afirmar que "essa voz instila, através de uma musicalidade toda própria e que utiliza os recursos de repetição oriundos da poesia, um tom de confiabilidade à obra", a autora por um lado concorda (com Wayne Booth) que existem marcas de intencionalidade deixadas no texto; por outro lado, entretanto, ressalta que "de forma alguma" essas marcas "devem ser confundidas com as disposições reais do escritor"[86].

Em seu modo de ver, a compreensão depende de uma fusão entre "o horizonte compreensivo do intérprete", "nunca totalmente

---

86. Esse comentário é feito para rejeitar a idéia de Booth de que os apelos retóricos do texto estão vinculados "à existência quase física de uma entidade, à qual chamou de autor implicado".

neutro ou imparcial" e o texto. Neste sentido, o "principal impasse" implicado na leitura do romance seria a "impossibilidade de reconhecer claramente sobre o que ele versa".

Desde o título, que não delimita a espécie de paixão de que trata o livro, o leitor se utiliza de vários mecanismos "para facilitar a interpretabilidade e sustentar a compreensão":

> Paixão amorosa? Paixão mística? O dilema vai se exacerbando à medida que a narrativa avança, pois a linguagem cifrada, enigmática e dúbia colabora para que não consigamos definir, ao menos até a primeira terça parte da narrativa, o tipo de experiência ou aventura de que G. H. foi vítima e de que traz tão confusas percepções.

De acordo com a autora, um dos elementos peculiares do romance consiste no fato de as categorias que delimitam os arranjos ficcionais – a distinção entre discurso e história, por exemplo – "pautarem-se insistentemente pela ambivalência", o que solicita do leitor "uma postura que, se não compartilhada, interfere na compreensão e na aceitação da obra". Ela acredita que as ambivalências de *PSGH* "põem em suspensão" a capacidade de lhe conferir significado, o que reduz "o horizonte de pré-compreensão".

Mencionando aspectos que reforçam tais ambivalências, refere-se a "nuances descritivas" (como as que caracterizam o quarto da empregada, onde ocorrem as ações da personagem) que extrapolam "a delimitação física" do objeto que circunscrevem, "transbordando a significação". Além disso, o tempo exíguo da história (um pouco mais de duas horas) choca-se com a intensidade e a riqueza da experiência vivida, enquanto a personagem, desde o início conformada como alguém que "perdeu a referencialidade", "submerge na ausência de índices espaço-temporais", ao mesmo tempo em que se identifica com a barata, e por extensão com Janair, por sua vez em vários momentos associada de modo explícito à barata. Assim, "a ação do romance fica suspensa e o leitor continua se perguntando o que e com quem aconteceu".

Neste contexto, apenas a tentativa de "narrar em profundidade o ocorrido" faz com que a ação de fato exista, "desvinculada da 'ação' propriamente dita de 'matar' e 'provar' o interior da barata". Em outras palavras, o que delimita, dá forma, torna compreensível "um processo que não existe dramaticamente" é "o longo mergulho na consciência de G. H.".

Deste modo, "diante de uma paixão que não é uma paixão qualquer", na medida em que ocorre no percurso "da ação solitária de uma mulher" perante "a agonia de uma barata", "o romance subverte as noções tradicionais de enredo, espaço, tempo e personagens", "delitos" de que resulta a percepção de que a obra "dilui a concepção de gênero".

"Logo, essa é uma narração de uma indefinível paixão, num romance que acontece aqui ou ali, agora ou antes, com essa ou aquela personagem, se é que acontece."

Desde a dedicatória (*A possíveis leitores*)[87] de *PSGH*, que significa, para Ângela Fronckowiak, uma "estratégia de instauração de um pacto de leitura", há elementos discursivos na obra que "prendem" ou "desafiam" o leitor. Um deles seria o questionamento constante que G. H. faz "de sua posição privilegiada enquanto protagonista". Embora "tenha experimentado o fato que quer relatar", "ela mascara, em certa medida, o conhecimento integral que dele possui".

O arranjo narrativo do romance compreende "uma dupla visão e um duplo conhecimento":

> Por um lado, temos o relato de uma experiência da qual a narradora foi sujeito e deveria dominar por inteiro, a ponto de poder contá-la organizadamente, e, por outro, a encontramos numa posição de impotência frente à realidade dessa experiência.

A despeito de ter experienciado o "nada", G. H. lança sobre o vivido, no presente, "um olhar desconfiado, um olhar de suspeita, que tenta dar aos fatos alguma racionalidade". Para a autora, o que ela faz na verdade é tematizar a narração colocando-se "como um outro, enquanto assunto de seu próprio discurso", o que lhe per-

---

87. No capítulo 1 deste trabalho, comentei em detalhe a análise que Ângela Fronckowiak faz da *Nota aos Leitores* de PSGH.

mite questionar a linguagem e estabelecer uma relação paradoxal com o ato de escrever. "Sua narração presentifica o passado, fazendo-o durar no presente", mas isto ocorre por meio de incerteza e dúvida. "Somos, de certa forma, impedidos de concluir se G. H. conta ou vive"[88].

No entanto, mesmo assim o discurso de G. H., "em que o fluxo de consciência opera livremente", retira "o melhor proveito" dessa dubiedade, o que faz com que "adesão do leitor" vá se estabelecendo de maneira paulatina. Ele vai sendo conclamado a ocupar compulsoriamente o lugar do narratário, o que é reforçado pelo fato de G. H. também possuir um projeto ficcional. "Na verdade, para que sua narração faça sentido, G. H. ficcionaliza a existência de um outro imaginário para o qual ela destina réplicas de um hipotético diálogo fingido e com o qual estabelece uma relação de cumplicidade."

Deste modo, o romance "impõe ao leitor um envolvimento afetivo que origina uma diminuição de sua capacidade de ajuizar"[89]. Por meio de tal disponibilidade, "ficamos sujeitos à realização de um percurso iniciático rumo à desumanização", reduplicando o percurso realizado pela protagonista.

Para a autora, como já foi dito, a fortificação desse processo dá-se pela "utilização do discurso bíblico como referência inter-

---

88. Explicitando melhor esta idéia, a ensaísta comenta: "através dos mecanismos que emprega para realizar o relato, G. H. não se restringe a narrar, mas apresenta sua própria concepção de linguagem, segundo a qual o sistema da língua e, em especial, a escrita não reconstituem as vivências. Por acreditar que narrando constrói o real, G. H. propõe que o falar, o escrever, enfim, o contar, embora originais, são definitivamente distintos do natural. A linguagem não pode reproduzir uma experiência vivida. Ela é a representação e sempre instaura ou cria um sentido".
89. Discordando da opinião de Solange Ribeiro de Oliveira, que defende que em *PSGH* a personagem-narradora deve ser vista com uma postura que "exige o contrário da identificação", ou seja, com "o distanciamento colocado, por exemplo, entre a platéia e as personagens pelo teatro épico de Brecht", este trabalho procurou defender a leitura aqui formulada, de acordo com a qual ao longo do romance a travessia do leitor reduplica o percurso realizado pela protagonista.

textual, principalmente a apropriação parafrástica de passagens do Antigo Testamento"[90].

A façanha deste romance, assim, é, pela escrita, "demonstrar a insuficiência da linguagem"; por meio "de um objeto cultural, um livro, delatar o condicionamento" em que se esteia o processo de humanização do homem, "determinado pela reprodução de um sentido nada natural para a existência".

Como ocorre com os elementos estruturais que compõem a obra, suas imagens "se submetem a ser arranjadas através da linguagem, como artifício ou beleza, sobre aquilo que realmente faz sentido", razão pela qual "o fazer literário acaba se constituindo como uma criação de segunda mão, sobreposta ao original".

Enfim, há um mesmo percurso, que se reduplica: a barata que agoniza, esmagada no armário; Janair e G. H., que se confinam no quarto; "e o leitor, preso ao livro". *PSGH*, em conclusão, é um "livro de iniciação", na medida em que nos obriga "à realização de uma trajetória pessoal através do texto".

Em *Metamorfoses do Mal – Uma Leitura de Clarice Lispector*[91], publicado em 1999, Yudith Rosenbaum analisa o conjunto da produção ficcional de Lispector, num exemplo interessante de leitura baseada no instrumental teórico da psicanálise. Passo a resenhar os dois capítulos finais de seu livro, dedicados ao conto "A Quinta História" e a *PSGH*, concluindo meu trabalho com tal exemplificação de mais uma vertente de abordagem da obra.

Comentando dois contos[92] da escritora, que enfocam um de seus temas antológicos (mulheres em confronto com os "laços de

90. "Ainda que o paralelismo explícito com a linguagem bíblica dote a narrativa de credibilidade, a narração de G. H. não se furta em denunciar o caráter também instaurador de sentido do texto bíblico. Para a concepção da personagem, o dilema imposto, principalmente pelas determinações bíblicas do Antigo Testamento, é tão complexo quanto o de qualquer outra linguagem. Afinal, por que um sentido é mais verdadeiro que o outro? Por que a lei e as interdições da Bíblia são efetivamente as verdadeiras leis e interdições?"
91. Rosenbaum, 1999: 121-177.
92. Os contos são "A Imitação da Rosa", de *Laços de Família*, e "A Fuga", de *A Bela e a Fera*.

família" que as aprisionam e dos quais não conseguem desembaraçar-se), Yudith refere-se ao " mal-estar que a leitura nos provoca", como "efeito do sadismo clariceano na relação com o leitor", o que configura "o estilo sádico de uma narrativa que fisga o leitor desavisado em busca de apaziguamento". Ou seja:

> Como Machado de Assis, ainda que através de recursos diferentes, Clarice Lispector cria uma intimidade com o leitor de modo a enlaçá-lo melhor; o que se poderia cautelosamente chamar de "narrador sádico" parece aproveitar da cumplicidade com o leitor, e estaria a serviço de deslocá-lo de um repouso, sempre adiado. Essa marca do estilo de Clarice Lispector reaparece como um *Leitmotiv* em nosso estudo, delimitando uma atitude narrativa nem um pouco inocente.

Para a ensaísta, tal atitude narrativa combina-se com a utilização do mal como "mola propulsora", "sopro anímico", de certos enredos clariceanos, não no "pólo convencional que lhe atribui uma valoração negativa", mas em outro, "que lhe resgata um sentido de criação", na medida em que desagrega "as forças que tendem a se unificar", abortando-o em nome de um "bem-estar" que "aliena e amortece as consciências". Assim, "o mal negativo, moral e eticamente, passa a ser o retorno ao desconhecido, lugar da ordem, essa sim, concebida como morte do humano".

Desta forma, "o estremecimento do leitor frente à desordenação das categorias que validam nossa existência é efeito proposital do estilo clariceano e elemento importante do que chamamos sadismo narrativo".

Por meio de tais reflexões, a analista debruça-se em "A Quinta História", texto que julga privilegiado para a compreensão do conjunto da produção de Clarice, não apenas por apresentar "variações sobre o mesmo argumento", mas pelo modo de fazê-lo: "movimentando-se em espiral, o conto retorna ao ponto de origem para desdobrá-lo e complicá-lo, buscando representá-lo por vários ângulos de visão".

A partir de um receituário de como matar baratas, "o narrador/personagem adota diferentes posições frente ao objeto narrado, o que faz da matéria narrativa o confronto entre o mesmo e o outro", levando-a ao "campo das identidades e das alteridades, cerne da obra clariceana".

Este conto, caracterizado por uma "técnica de dissimulação do horror", que consiste na combinação entre "uma moldura inocente" e "o teor destrutivo de seu conteúdo", e cuja estrutura ritualística inverte o sentido da astúcia de Scherazade[93] (que conta, enredando, em "legítima defesa", enquanto a narradora o faz em "ataque explícito"), significa, para a autora, "um modelo de sedução e de destruição" no qual se reconhece "o protótipo da poética de Clarice, que envolve o leitor, qual marinheiro encantado pela sereia, para em seguida demolir suas convicções e afogá-lo nas águas de uma escrita letal"[94].

Embora a construção do conto nos ensine a "lê-lo com vagar, fazendo as pausas que as frases finais encerram nos parágrafos, numa tentativa da narração em conter a expansão impulsiva com o controle das orações curtas e definitivas", como as baratas "o leitor não escapa do jogo perverso de quem possui o domínio demiúrgico de dar e retirar a vida, detendo o poder de transformar o outro em pedra".

"Aqui, a imagem gorgônica de Medusa e seu olhar petrificante invadem o texto, encenando essa captura do objeto por um sujeito que lhe reflete especularmente o seu 'de dentro' aterrador, na

93. No final de sua análise de "A Quinta História", Yudith Rosenbaum propõe outra relação interessante entre o conto e a narrativas de *As Mil e uma Noites*, à qual a narradora alude intertextualmente: "O texto de Clarice consuma ao mesmo tempo, e paradoxalmente, a morte e a vida: ao interromper sua última história (as palavras/baratas engessadas em meio ao gesto), nossa narradora parece agir como Scherazade, impedindo que o leitor finalize a leitura apaziguado. O conto prossegue agora na imaginação de seu receptor, fazendo o enredo ressurgir mesmo após ter sido executado por um ponto final".
94. "O cálculo meticuloso convive, assim, com a ardência erótica e sádica, construindo um narrador perverso em sua relação com as 'baratas-que-não-sabiam-que-iam-morrer' e também com o leitor, igualmente atraído por uma articulação discursiva envolvente que se sobrepõe ao teor destrutivo de seu conteúdo. O plano da morte se faz cada vez de forma mais vívida e entusiasmada. Ao final, a leitura se torna, ela também, um doce veneno."

exata medida em que sua imagem aparece como extrema alteridade"[95].

"É o 'de dentro' mesmo desse leitor que se vê invadido, quase despercebidamente, pelas teias dessa aranha-tecelã".

Enquanto em "A Quinta História" haveria um "controle obsessivo do mal", já que o "crime" (que ela associa com um "gozo estético" e ao mesmo tempo sexual, "luxúria", "orgia sabática") tem álibis poderosos, como a necessidade de dedetização da casa, e assim de combater o mal (que paranoicamente estaria projetado no Outro), em PSGH essa escolha por um "eu alienado da alma" inverte-se: por meio do confronto com a barata ("mediação do mundo infernal e caótico do qual nos distanciamos para viver em sociedade"), G. H. "mergulha na alma indesejada, para se apropriar do si mesmo".

Seu contato com este ser bruto representaria, assim, o "avesso do heroísmo", a "perda do poder fálico sobre as coisas", "a viagem fantástica, dantesca, pela matéria terrorífica onde se aloja o 'dedentro', o si-mesmo, a alma"; onde a desconstrução do eu socialmente aceitável conduz à "reconstituição do sujeito psíquico".

Ao "engessamento" do "de-dentro" da barata que ocorre no conto, eternizando, estetizando o crime, paralisando e ampliando o paroxismo da morte[96], corresponde, no romance, o engessamento de G. H. pela barata, o qual também impede o avanço do enredo.

Para Rosenbaum, PSGH pode ser lida como uma continuação de "A Quinta História", interrompida no último parágrafo, "mostrando o que teria acontecido à nossa 'bem-sucedida' narradora, se ela desistisse de sua empreitada épica e se deixasse tocar pela inexpressividade do neutro".

Estudando a forma do romance, "também transgredido em seus alicerces fundamentais", Yudith nota a relação da narradora

95. "Ao abordar o simbolismo da máscara de Gorgó, o filósofo Jean Pierre Vernant encontra a mesma inquietante estranheza que Freud formulou no conceito de Unheimliche e que a barata encarna em toda a sua ancestralidade familiar."
96. Em sua obsessão pelo olhar de Medusa, o olhar que congela, Clarice "tensiona ao máximo o instante dramático".

com o leitor, "tomado pela mão como ouvinte compulsório dessa experiência recém-acontecida".

Este "tu" salvador, ao qual a história se dirige em pedido desesperado, acaba também sendo arrastado pela vivência disruptora da personagem. Novamente, o modelo narrativo de "A Quinta História" se repete, envolvendo o leitor com a doce sedução de um afago para depois invadi-lo com um veneno terrificante. O leitor é usado como muleta de apoio, vítima inocente do poder da narradora.

Para ela, tal sadismo narrativo vunerabiliza o leitor, que fica "à mercê dos escuros labirintos onde o par agora caminha".

Assim, "fisgado pela técnica sutil do convencimento, o leitor adentra o mesmo purgatório que Dante conheceu pela mão do poeta Virgílio", tendo como prêmio "o reencontro consigo mesmo ao final das trevas", o que "faz a impiedosa narração ser sobrepujada pelo sopro redentor".

Ao se referir à ausência de escolha e de salvação, tanto para a narradora quanto para o leitor durante a "insólita" via sacra, a autora comenta a possibilidade de este fechar o livro, para colocar dois motivos pelos quais "não o fazemos": um deles seria a idéia aristotélica da mimésis, como geradora de prazer estético, e o outro consistiria na "possibilidade voyerística" que o romance oferece ao leitor, por meio de uma movimentação de papéis entre ele e o narrador, a qual lhe permite "ocupar lugares diferentes e até mesmo opostos, ora como vítima do sadismo da autora, ora como espectador *voyeur* da aventura infernal de G. H.".

Apoiada em idéias de Benedito Nunes e de Luís Costa Lima para o prosseguimento de sua leitura, do primeiro a ensaísta recorta o significado de *PSGH* como "uma descida ao subsolo ancestral dos sentimentos e paixões", e, do segundo, ressalta o fato de chamar a atenção "para o estreito imbricamento das ordens da ficção e da existência, sendo ambas postas em questão pela recusa ao embelezamento contemplativo".

Chega, nesse momento, a um problema de certo modo unanimemente abordado pela crítica: "Se a vivência implica justamente a perda da forma, como formatá-la em linguagem que trairia sua realidade?" Daí retira a idéia da "busca de uma nova concepção narrativa que possa abarcar sem violentar a nova matéria dessa ficção". Ou seja: a autodestruição no sentido recriador é o "*pathos* agônico" não apenas da vida, mas também da escrita de G. H.

Assim – e, para elaborar o comentário, a autora lembra que a mão que ampara a narradora no início do relato é uma "mão decepada" – o referido *pathos* se reduplica no leitor, cuja experiência de leitura, também mutiladora, transforma-o no "objeto sádico da aventura de G. H. em contar-se".

Em PSGH, em que "a linguagem hesita, retorna, titubeia, comove-se, despe-se, indaga, sempre à procura do nome do ser", parece-lhe evidente que a narração "ocorre quase no calor da hora, pouco depois de seu acontecimento", razão pela qual "o leitor ainda sente as ressonâncias do impacto emocional na personagem, aturdida e desorganizada". Desta forma, a experiência alastra-se pelos capítulos numa reação em cadeia, "sempre prestes a ruir no silêncio do impossível"[97].

As "categorias negativas" presentes no texto de Clarice, que desmontam "a própria expectativa de alcançar sentidos", frustrando o desejo de consolo, remetendo o leitor constantemente para "o mal-estar das incertezas, dos fragmentos dissociados, da perda referencial", levam a ensaísta a aproximá-lo da lírica da modernidade, formulada por Hugo Friedrich; da estética do sublime kantiana, como fez Solange Ribeiro; da concepção benjaminiana da história como ruína, na qual o fragmento alegoriza uma totalidade perdida que sinaliza "a vida que poderia ter sido e que não

---

97. "Desnecessário dizer que o momento mais intenso do relato, a ingestão da barata, é irrepresentável, sendo apenas aludido pelo silêncio através do qual se presentifica. Também aí o leitor é presa de uma inquietante dúvida: até que ponto o que se conta é o que se viveu, já que a narração se faz pelo próprio movimento de 'resistir à tentação de inventar uma forma?' De fato, o relato é testemunho de um esforço de representação, processo por excelência inacabado e falho."

foi" e também do efeito de "desrealização na arte", teorizado por Anatol Rosenfeld, em *Reflexões sobre o Romance Moderno*.

Recoloca, assim, a idéia de Lispector como antiescritora – e de sua arte como antiarte – para enfatizar-lhe a dimensão de modernidade, o que se opõe a certa visão filosófica que tende a classicizar o texto clariceano, embora, ao mesmo tempo, a ela se complemente, o que mais uma vez aponta para a riqueza dessa produção.

Ao analisar a "odisséia psíquica" de G. H., Yudith destaca-lhe os elementos reveladores de seu sentido psicanalítico freudiano. Desta forma, a moradia – "espelho da personagem", "reflexo mimético de seu mundo mental" – seria o "espaço simbólico e sublimado, como toda arte, dos desejos e seus esconderijos recônditos"; a "transgressão inicial", que deflagra a jornada de G. H., corresponderia ao "gesto proibido" de jogar o cigarro aceso para baixo; sua "entrada no mundo ínfero interdito teria como símbolo o sombrio corredor", o qual lhe parece possuir "conotação vaginal", enquanto o "oco", o "vazio" do quarto da empregada representaria as "entranhas do feminino", o que ganha maior alcance simbólico, por meio do "estreito e escuro guarda-roupa".

Para Yudith "é no interior do corpo feminino, portanto, que encontramos a figuração do que sempre esteve aí, escondido, oculto, desconhecido". Nesse sentido, a rejeição do aspecto desértico do quarto por G. H., a que corresponde o movimento reativo de inundá-lo com "baldes e baldes de água", poderia aludir à água "como sêmen fertilizador, potência masculina necessária ao nascimento do que em germe aguarda seu surgimento".

A tais elementos – que me pareceram ficar dispersos no texto – a ensaísta acrescenta o mito, como "pano de fundo dessa viagem fáustica de G. H.", o que a leva a ver no desenho deixado por Janair "uma alusão clara à arte primitiva do período paleolítico, caracterizada pelo gesto mágico do artista que, ao pintar um animal, aprisionava-o na realidade". Este gesto, que anula a descontinuidade entre o mundo da representação e a realidade empírica, torna a imagem a coisa, a escrita, o real.

Dissolvendo as fronteiras entre arte e realidade, "como se um túnel do tempo uterino" transportasse G. H. aos primórdios da manifestação artística, que a protagonista vivencia "não como deleite estético", mas como "força demiúrgica", ela revive, no interior de um quarto de subúrbio, "o instante primeiro da arte das cavernas", desta maneira iniciando "a derrocada do mundo representacional rumo ao universo da identidade".

Na análise da cena da entrada de G. H. no quarto de Janair, há outra comparação interessante com "A Quinta História": enquanto no conto a casa está "infectada", devendo passar por um processo de dedetização, no romance o quarto se apresenta limpo, para nele "despontar o imundo e o impuro". Isto é: o que parece limpo oculta a "concentração total da sujeira". Em oposição, nesta "caverna ancestral", "ponto *aleph* da criação", a barata aparece, gerando o encontro especular marcado de perplexidade e espanto. Inicia-se assim o movimento regressivo de "des-apego, desmontagem, des-contrução"[98], em direção "ao núcleo tão desejado e temido", ao qual "o ser se vê impelido pela pulsão de morte, na busca, ainda que paradoxal, da vida pulsante em seu despertar". O que configura, em *PSGH*, um embate fundamental entre "caos e forma"[99], no qual, como não poderia deixar de ser, as metáforas de "descese" são apocalípticas.

Tratando especificamente da questão do mal na obra, a ensaísta volta a aproximar G. H. da narradora de "A Quinta História", pois ambas possuem ímpeto agressivo e criminoso, ambas entregam-se ao mal com êxtase sádico. No caso de G. H., a destruti-

---

98. Outra comparação curiosa presente na obra enfoca de um lado o relato homérico da *Odisséia*, no qual a travessia de Ulisses significa a constituição do sujeito no mundo ocidental, a saída do instinto para chegar à cultura, e, de outro, o seu oposto: *PSGH*, obra que desconstrói esse sujeito, saindo da cultura para chegar ao Instinto.
99. Baseando-se em Freud, para quem "a idade de ouro não pertence aos deuses, mas à matéria", a autora interpreta o "retorno ao inorgânico", à "fonte proto-humana" que existe em G. H. como busca às origens da vida, a qual se dá, entretanto, por meio da pulsão de morte.

vidade se revela como potencialidade, como um vir-a-ser constitutivo, deflagrado pela pulsão tanática. Neste aspecto, a transgressão máxima do romance dá-se no episódio da comunhão sacrílega: "comer do impuro em ato proibido", comungando satanicamente com o gosto do vivo e assim penetrando na "massa pastosa" da aterradora latência da vida[100].

A inversão dos pólos do divino e do diabólico, tanto quanto a inversão do pacto fáustico ("fazendo das trevas luz e dessa luz sombra enganosa") não constituem, entretanto, "portos de chegada", mas "pontes de passagem" para a "vivência das identidades", que transcende deus e o diabo.

"Essa luta entre vida e morte determina, para a psicanálise, o próprio embate civilizatório." Ou seja, "a cultura se promove pelo que se metaforiza aqui na condensação do confronto miúdo entre G. H. e a barata, entre um ínfimo ser da terra e seu maior representante evolutivo", pois, se a ação absoluta de Eros leva à "dissolução das diferenças e à morte do desejo", a pulsão de morte "é responsável pela quebra da simbiose entre sujeito e objeto, constituindo-se em princípio estruturador do psiquismo"[101].

Sendo assim, na narrativa de G. H. estão presentes tanto o caos desagregador e regressivo, quanto o sadismo: "face objetal da pulsão de morte que é desviada para o mundo externo".

Certamente, G. H. escapa da autodestruição atacando o outro ameaçador, para depois incorporar antropofagicamente o que esse outro representa de si mesma. A perda de limites entre um ser e outro torna-se

---

100. "O *topos* do comer transgressor marca a perda da moralidade estabelecida por uma nova moral revertida da anterior para, enfim, culminar na anulação das diferenças e das oposições. O momento intermediário sinaliza-se pela reversão do bom e do ruim, do certo e do errado."
101. Segundo a autora, a virada do pensamento freudiano, afirmando a positividade da ação tanática, é plenamente assumida em 1930, por meio da publicação de *O Mal-estar e a Civilização*. "Se antes a pulsão de morte resumia-se à tendência ao inorgânico, agora ela é poder destrutivo a serviço da vida, princípio de disjunção que marca a perda inevitável do objeto primeiro e impele o sujeito a prosseguir sua marcha".

ritual de passagem para uma necessária reconstrução, onde o avesso de si, o estranho amedrontador, não é mais expulso do ser (como o foi em "A Quinta História"), mas lhe pertence. A resultante desse embate, porém, não se apresenta com nitidez ao leitor, que, não arriscaria afirmar se, há ou não uma nova organização surgida de tal demolição.

Nesse sentido, seria possível pensar a estrutura do romance, em que as aberturas dos capítulos repetem a última frase do anterior, "como possível manifestação desse recuo em direção às origens", entendendo tal gênese como "experiência caótica presentificada", e não "como marco histórico do passado"[102].

Quanto à intensificação do instante dramático existente no romance, através de "repetições, recuos, questionamentos e comentários, movendo o enredo numa espiral cujo redemoinho captura o leitor atônito", nela a ensaísta vê outro elemento da força do estilo de Clarice, em que, com náusea e mal-estar, o leitor "tem que ficar dentro do que é", "sem transcendência redentora possível".

Por meio das reflexões de Yudith Rosenbaum a respeito de "A Quinta História" e *PSGH*, com as quais este trabalho sobre o processo de leitura demandado pelo romance concorda em grande parte, finalizo minha abordagem da fortuna crítica de *PSGH*. Se ela é extensa, e em alguns tópicos repetitiva, tal fato denota a existência de certos aspectos que já podemos afirmar consensuais a respeito da escrita de Lispector – o que acabo de exemplificar, resenhando alguns dos textos considerados clássicos e também alguns dos tipos clássicos de leitura desta obra em particular, mas que vimos estarem presentes nas outras.

Entretanto, não há dúvida que ainda existem temas pouco explorados. Um deles é justamente o que enfoca o leitor, em *PSGH* representado pela figura do interlocutor de G. H. Esta figura, que Benedito Nunes vê como "um expediente ficcional que amplia a dramaticidade da narrativa e autentica o paroxismo da persona-

---

102. Desta forma, "o retorno de frases concretiza o movimento restaurador da pulsão", e ao mesmo tempo "possibilita a emergência de novos significados na mesma expressão verbal. É o eterno retorno modificado".

gem", fica meio esquecida ao longo de várias análises, que reeditam sem grande novidade a opinião do crítico.

Dialogando com Ângela Fronckowiak, e me aproximando de várias das posições de Yudith Rosenbaum sobre o tema, ao longo deste trabalho procurei aprofundar um pouco a questão da "relação de cumplicidade" que G. H. estabelece com o "tu" a quem se dirige, com o objetivo de mostrar como este "tu", aparentemente salvador, também é arrastado pela vivência disruptora da personagem. Creio, assim, ter adicionado alguma contribuição, sem dúvida metonímica, mas nem por isso necessariamente menor, à compreensão do processo de leitura demandado por *PSGH* e outras obras dessa escritora, cujo interesse e visibilidade só fazem aumentar, com os passar dos anos.

Bibliografia

1. DE CLARICE LISPECTOR

LISPECTOR, Clarice. *A Legião Estrangeira* (*Contos e Crônicas*). Rio de Janeiro, Editora do Autor, 1964.
_____. *A Via Crúcis do Corpo*. Rio de Janeiro, Artenova, 1974.
_____. *Visão do Esplendor* (*Impressões Leves*). Rio de Janeiro, Francisco Alves, 1975.
_____. *Água Viva*. 10. ed. Rio de Janeiro, Nova Fronteira, 1980.
_____. *O Mistério do Coelho Pensante*. 5. ed. Rio de Janeiro, Rocco, 1983.
_____. *A Mulher que Matou os Peixes*. 7. ed. Rio de Janeiro, Nova Fronteira, 1984.
_____. *Como Nasceram as Estrelas* (*Doze Lendas Brasileiras*). Rio de Janeiro, Nova Fronteira, 1987.
_____. *Felicidade Clandestina*. 5. ed. Rio de Janeiro, Nova Fronteira, 1987.
_____. *Um Sopro de Vida* (*Pulsações*). 8. ed. Rio de Janeiro, Nova Fronteira, 1988.
_____. *Onde Estivestes de Noite*. 4. ed. Rio de Janeiro, Nova Fronteira, 1988.
_____. *A Vida Íntima de Laura*. 12. ed. Rio de Janeiro, Francisco Alves, 1991.
_____. *De Corpo Inteiro*. São Paulo, Siciliano, 1992.
_____. *Quase de Verdade*. São Paulo, Siciliano, 1993.
_____. *A Paixão Segundo G. H.* (Edição crítica coordenada por Benedito Nunes). 2. ed. Madri/Paris/México/Buenos Aires/São Paulo/Rio de Janeiro, ALLCA XX, 1996 (Coleção *Archivos*).

_____. *A Cidade Sitiada*. 8. ed. Rio de Janeiro, Rocco, 1998.
_____. *A Maçã no Escuro*. 9. ed. Rio de Janeiro, Rocco, 1998.
_____. *A Hora da Estrela*. 9. ed. Rio de Janeiro, Rocco, 1998.
_____. *Uma Aprendizagem ou O Livro dos Prazeres*. 13. ed. Rio de Janeiro, Rocco, 1998.
_____. *Perto do Coração Selvagem*. 15. ed. Rio de Janeiro, Rocco, 1998.
_____. *Laços de Família*. 17. ed. Rio de Janeiro, Rocco, 1998.
_____. *A Legião Estrangeira*. Rio de Janeiro, Rocco, 1999.
_____. *A Bela e a Fera*. 2. ed. Rio de Janeiro, Rocco, 1999.
_____. *Para Não Esquecer*. 2. ed. Rio de Janeiro, Rocco, 1999.
_____. *A Descoberta do Mundo*. 3. ed. Rio de Janeiro, Rocco, 1999.
_____. *O Lustre*. 7. ed. Rio de Janeiro, Rocco, 1999.

2. SOBRE CLARICE LISPECTOR

BRASIL, Assis. *Clarice Lispector (Ensaio)*. Rio de Janeiro, Organização Simões, Editora, 1969.
BORELLI, Olga. *Clarice Lispector: Esboço para um Possível Retrato*. Rio de Janeiro, Nova Fronteira, 1981.
BOSI, Alfredo. *História Concisa da Literatura Brasileira*. 2. ed. São Paulo, Cultrix, 1972, pp. 475-478.
CANDIDO, Antonio. "No Raiar de Clarice Lispector". *Vários Escritos*. São Paulo, Duas Cidades, 1977, pp. 123-131.
CIXOUS, Hélène. *A Hora de Clarice Lispector*. Trad. de Rachel Gutiérrez. (ed. bilíngüe). Rio de Janeiro, Exodus, 1999.
FRONCKOWIAK, Ângela Cogo. "A Paixão Segundo G. H.: Uma Narração pelo Avesso". Porto Alegre, PUC-RS, 1997 (Dissertação de Mestrado sob orientação da Profa. Dra. Maria Luíza Ritzel Remédios).
_____. "O Ato de Narrar em *A Paixão Segundo G. H.*". In: ZILBERMAN, Regina *et al*. *Clarice Lispector: A Narração do Indizível*. Porto Alegre, Artes e Ofícios/EDIPUC/Instituto Cultural Judaico Marc Chagal, 1998.
GOTLIB, Nádia Battela. *Clarice: Uma Vida que se Conta*. 2. ed. São Paulo, Ática, 1995.
HELENA, Lucia. *Nem Musa, nem Medusa: Itinerários da Escrita em Clarice Lispector*. Niterói, EDUFF, 1997.
JOSEF, Bella. "Clarice Lispector e o Ato de Narrar". *In*: RAMALHO,

Christina (org.). *Literatura e Feminismo: Propostas Teóricas e Reflexões Críticas*. Rio de Janeiro, ELO, 1999, pp. 173-182.

KADOTA, Neiva Pitta. *A Tessitura Dissimulada: O Social em Clarice Lispector*. São Paulo, Estação Liberdade, 1997.

KAHN, Daniela Mercedes. "A Via Crúcis do Outro: Aspectos da Identidade e da Alteridade na Obra de Clarice Lispector". São Paulo, DTLLC da FFLCH/USP, 2000 (Dissertação de Mestrado sob orientação da Profa. Dra. Regina Lúcia Pontieri).

LEPECHI, Maria Lúcia. "Uma Leitura de *A Paixão Segundo G. H*". *O Eixo e a Roda*. Belo Horizonte, UFMG, 1985.

_____. "A Mística ao Revés de Clarice Lispector". In: NUNES (coord.). *A Paixão Segundo G. H*. (edição crítica). 2. ed. Madri/Paris/México/Buenos Aires/São Paulo/Rio de Janeiro, ALLCA XX, 1996 (Coleção *Archivos*).

LIMA, Luis Costa. "Clarice Lispector". In: COUTINHO, Afrânio (direção) & COUTINHO, Eduardo de Faria (co-direção). *A Literatura no Brasil*. 5. ed. vol. 5. São Paulo, Global, 1999.

LINS, Álvaro. "Clarice Lispector: A Experiência Incompleta". *Os Mortos de Sobrecasaca*. Rio de Janeiro, Civilização Brasileira, 1963.

LUCCHESI, Ivo. *Crise e Escritura: Uma Leitura de Clarice Lispector e Vergílio Ferreira*. Rio de Janeiro, Forense-Universitária, 1987.

MARTING, Diane. *Clarice Lispector: A Bio-bibliography*. Connecticut/London, Greenwood Press, 1993.

MARTINS, Gilberto Figueiredo. "As Vigas de um Heroísmo Vago: Três Estudos sobre *A Maçã no Escuro*". São Paulo, FFLCH/USP, 1997 (Dissertação de Mestrado sob orientação do Prof. Dr. Valentim Aparecido Facioli).

_____. "Culpa e Transgressão e Clarice e a Crítica". *Cult – Revista Brasileira de Literatura*, 5: 46-51 e 57-60, dezembro de 1997 (São Paulo, Lemos). (b)

_____. "Brasília: a Esfinge Utópica". *Cult – Revista Brasileira de Literatura*, 11:14-17, junho de 1998 (São Paulo, Lemos).

_____. "Passeito pelo Inferno: A Apoteose do Neutro (Aparições do Mal na Obra de Clarice Lispector)". *Estudos Acadêmicos UNIBERO*, 4, (7):14-18, março de 1998 (São Paulo, Faculdade Ibero-Americana). (a)

_____. "O Sopro de Vida da Estrela sem Brilho: A Hora e a Vez do Autor (Revisitando Clarice Lispector)". *Vir-a-Ser – Revista de Ciências Sociais*, 2/3:253-261, 1998 (São Paulo, Humanitas/FFLCH-USP).

MILLIET, Sérgio. *Diário Crítico de Sérgio Milliet*. vol. 2. São Paulo, Martins, 1981.

MOISÉS, Leyla Perrone. "A Fantástica Verdade de Clarice". *Flores da Escrivaninha (Ensaios)*. São Paulo, Companhia das Letras, 1990.

_____. *Leitura de Clarice Lispector*. São Paulo, Quíron, 1973.

_____. "O Mundo Imaginário de Clarice Lispector". *O Dorso do Tigre*. São Paulo, Perspectiva, 1976, pp. 93-139.

_____. "A Paixão de Clarice Lispector". In: CARDOSO, Sérgio et al. *Os Sentidos da Paixão*. São Paulo, Companhia das Letras, 1987, pp. 269-281.

NUNES, Benedito. *O Drama da Linguagem: Uma Leitura de Clarice Lispector*. São Paulo, Ática, 1989.

_____. *Clarice Lispector. A Paixão Segundo G. H.* (ed. crítica coord. B. Nunes). 2. ed. Madri/Paris/México/Buenos Aires/São Paulo/Rio de Janeiro, ALLCA XX, 1996 (Coleção *Archivos*).

_____. "Clarice Lispector ou o Naufrágio da Introspecção". *Remate de Males*, 9, 1989, (revista do Departamento de Teoria Literária do IEL/Unicamp – org. Berta Waldman e Vilma Áreas).

OLIVEIRA, Solange Ribeiro de. *A Barata e a Crisálida: O Romance de Clarice Lispector*. Rio de Janeiro/Brasília, José Olympio/INL, 1985.

PEIXOTO, Marta. *Passionate fictions (Gender, Narrative and Violence in Clarice Lispector)*. Minneapolis/London, University of Minnesota Press, 1994.

PESSANHA, José Américo Motta. "Clarice Lispector: O Itinerário da Paixão". *Remate de Males*, 9, 1989 (revista do Departamento de Teoria Literária do IEL/Unicamp – org. por Berta Waldman e Vilma Áreas).

PICCHIO, Luciana Stegagno. "Epifania de Clarice". *Remate de Males*, 9, 1989 (revista do Departamento de Teoria Literária do IEL/Unicamp. – org. Berta Waldman e Vilma Áreas).

_____. "Peru *versus* Galinha: Aspectos do Feminino em Mário de Andrade e Clarice Lispector". *Literatura e Sociedade*, 3:43-50, 1998 (São Paulo, DTLLC/FFLCH/USP).

PONTIERI, Regina. *Clarice Lispector: Uma Poética do Olhar*. São Paulo, Ateliê Editorial, 1999.

REIS, Roberto. "Além do Humano". *Suplemento Literário de Minas Gerais*, 5.12.1981.

REIS, Luiza de Maria Rodrigues. "O Trágico d'A Paixão: Uma

Leitura de *A Paixão Segundo G. H.*". Niterói, Instituto De Letras/UF, 1981 (Dissertação de Mestrado sob a orientação da profa. Dra. Marlene de Castro Correia).

ROCHA, Eromar Bonfim. "O Mitologismo em *A Paixão Segundo G. H.*". São Paulo, FFLCH/USP, 1999 (Dissertação de Mestrado sob orientação da Profa. Dra. Nádia Battella Gotlib).

ROSENBAUM, Yudith. *Metamorfoses do Mal: Uma Leitura de Clarice Lispector.* São Paulo, Edusp/Fapesp, 1999.

SÁ, Olga de. *A Escritura de Clarice Lispector.* 2. ed. Petrópolis/São Paulo, Vozes/PUC, 1993.

———. *Clarice Lispector: A Travessia do Oposto.* São Paulo, Anna-Blume, 1993.

———. "Paródia e Metafísica". In: NUNES (coord.) *A Paixão Segundo G. H.* (ed. crítica). 2. ed. Madri/Paris/México/Buenos Aires/São Paulo/Rio de Janeiro, ALLCA XX, 1996, pp. 217-239 (Coleção *Archivos*).

SANT'ANNA, Affonso Romano de. "O Ritual Epifânico do Texto". In: NUNES (coord.) *A Paixão Segundo G. H.* (Edição crítica). 2. ed. Madri/Paris/México/Buenos Aires/São Paulo/Rio de Janeiro, ALLCA XX, 1996, pp. 241-261 (Coleção *Archivos*).

SCHWARZ, Roberto. "Perto do Coração Selvagem". In: *A Sereia e o Desconfiado: Ensaios Críticos.* São Paulo, Paz e Terra, 1981.

SOUZA, Gilda de Mello e. "O Vertiginoso Relance". *Exercícios de Leitura.* São Paulo, Duas Cidades, 1980, pp. 79-91.

———. "O Lustre". *Remate de Males*, 9, 1989 (revista do Departamento de Teoria Literária do IEL/Unicamp – org. Berta Waldman e Vilma Áreas).

TASCA, Norma. "A Lógica dos Efeitos Passionais: Um Percurso Discursivo às Avessas". In: NUNES (coord.) *A Paixão Segundo G. H.* (ed. crítica). 2. ed. Madri/Paris/México/Buenos Aires/São Paulo/Rio de Janeiro, ALLCA XX, 1996, pp. 262-292 (Coleção *Archivos*).

TELLES FILHO, Antonio de Deus. *A Redenção de Eva: Forma e Revelação no Romance.* Goiânia, UFGO, 1987 (Dissertação de Mestrado sob orientação do Prof. Dr. José Fernandes).

TREVIZAN, Zizi. *A Reta Artística de Clarice Lispector.* São Paulo, Pannartz, 1987.

VARIN, Claire. *Langues de feu (Essais sur Clarice Lispector).* Quēbec, Trois, 1990.

VIEIRA, Telma Maria. *Clarice Lispector: Uma Leitura Instigante.* São Paulo, AnnaBlume, 1998.

WALDMAN, Berta. *Clarice Lispector: A Paixão Segundo C. L.* 2. ed. São Paulo, Escuta, 1992.
WASSERMAN, Renata Ruth. "Clarice Lispector Tradutora, em *A Paixão Segundo G. H.*". In: ZILBERMAN, Regina et al. *Clarice Lispector: A Narração do Indizível*. Porto Alegre, Artes e Ofícios/EDIPUC/Instituto Cultural Judaico Marc Chagal, 1998.
ZILBERMAN, Regina et al. *Clarice Lispector: A Narração do Indizível*. Porto Alegre, Artes e Ofícios/EDIPUC/Instituto Cultural Judaico Marc Chagal, 1998.

3. NÚMEROS ESPECIAIS DE PERIÓDICOS

Remate de Males, 9, 1989 (Revista do Departamento de Teoria Literária do IEL/Unicamp. Número organizado por Berta Waldman e Vilma Áreas).
Revista Anthropos. n. 2, 1997 (*Extraordinarios*). *Clarice Lispector — La escritura del cuerpo y el silencio*. Barcelona, Proyecto A.
Revista Tempo Brasileiro, 104, jan./mar. de 1991 (Número organizado por Vera Queiroz. Rio de Janeiro, Tempo Brasileiro).
Revista Tempo Brasileiro, 128, jan./mar. de 1997 (Número organizado por Vera Queiroz. Rio de Janeiro, Tempo Brasileiro).
Revista Travessia, 14, 1987 (Florianópolis, UFSC).

4. OBRAS DE APOIO E REFERÊNCIA

ABBAGNANO, Nicola. *Dicionário de Filosofia*. 2. ed. Trad. de Alfredo Bosi. São Paulo, Martins Fontes, 1998.
ADORNO, Theodor W. e HORKHEIMER, Max. *Dialética do Esclarecimento: Fragmentos Filosóficos*. Trad. de Guido Antonio de Almeida. Rio de Janeiro, Jorge Zahar, 1985.
BAKHTIN, Mikhail. *Questões de Literatura e de Estética (A Teoria do Romance)*. Trad. de Aurora Fornoni Bernardini et al. São Paulo, Hucitec, 1988.
BARTHES, Roland. *O Prazer do Texto*. Trad. de J. Guinsburg. São Paulo, Perspectiva, 1987.
_____. "A Retórica Antiga". In: BARTHES, Roland et al. *Pesquisas Retóricas*. São Paulo, Vozes, 1972.
BATAILLE, Georges. *A Experiência Interior*. Trad. de Celso L. Coutinho et al. São Paulo, Ática, 1992.

BENJAMIN, Walter. *Obras Escolhidas I – Magia e Técnica, Arte e Política*. Trad. de Sérgio Paulo Rouanet. São Paulo, Brasiliense, 1994.

_____. *Obras Escolhidas II – Rua de Mão Única*. 2. ed. Trad. de Rubens Rodrigues T. Filho e José Carlos M. Barbosa. São Paulo, Brasiliense, 1987.

_____. *Obras Escolhidas III – Charles Baudelaire, um Lírico no Auge do Capitalismo*. 3. ed. Trad. de José Carlos M. Barbosa e Hemerson Alves Baptista. São Paulo, Brasiliense, 1994.

BLANCHOT, Maurice. *O Espaço Literário*. Trad. de Álvaro Cabral. Rio de Janeiro, Rocco, 1987.

BRUNEL, Pierre (org.). *Dicionário de Mitos Literários*. Trad. de Carlos Sussekind *et al*. Brasília/Rio de Janeiro, UnB/José Olympio, 1997.

CARROL, Lewis. *Aventuras de Alice no País das Maravilhas* [...]. 3. ed. Trad. Sebastião Uchoa Leite. São Paulo, Summus, 1980.

CASSIRER, Ernst. *Linguagem e Mito*. 3. ed. Trad. de J. Guinsburg e Miriam Schnaiderman. São Paulo, Perspectiva, 1992.

CHEVALIER, J. & GHEERBRANT, A. *Dicionário de Símbolos*. 7. ed. Rio de Janeiro, José Olympio, 1988.

CIRLOT, Jean-Eduardo. *Dicionário de Símbolos*. São Paulo, Moraes, 1984.

DETIENNE, Marcel. *A Escrita de Orfeu*. Trad. de Mário da Gama Kury. Rio de Janeiro, Jorge Zahar, 1991.

ELIADE, Mircea. *Mito e Realidade*. 3. ed. Trad. de Pola Civelli. São Paulo, Perspectiva, 1991.

_____. "Poesias de Isidore Ducasse: O Argumento pela Metamorfose". *Letras*, 2(1), abril de 1983 (Revista do Instituto de Letras da PUC-CAMP).

_____. "Lautréamont: a reescritura dos *Cantos de Maldoror*". *Reflexão*. 27, setembro/dezembro de 1983.

FONTES, Joaquim Brasil. *Eros, Tecelão de Mitos: A Poesia de Safo de Lesbos*. São Paulo, Estação Liberdade, 1991.

HEGEL, G. W. F. *Curso de Estética: O Belo na Arte*. Trad. de Álvaro Ribeiro e Orlando Vitorino. São Paulo, Martins Fontes, 1996.

LAPLANCE, Jean. *Problemáticas I: A Angústia*. 3. ed. Trad. de Álvaro Cabral. São Paulo, Martins Fontes, 1998.

LAUTRÉAMONT, Conde de. *Os Cantos de Maldoror*. Trad. de Cláudio Willer. São Paulo, Vertente, 1970.

PASTA JR., José Antônio. *Pompéia (A Metafísica Ruinosa d'O Ateneu)*. São Paulo, FFLCH/USP, 1991 (Tese de Doutoramento sob orientação do Prof. Dr. Alfredo Bosi).

_____. "O Romance de Rosa: Temas do Grande Sertão e do Brasil". *Novos Estudos (Cebrap)*, 55, novembro, 1999.

RANCIÈRE, Jacques. *Políticas da Escrita*. Trad. de Raquel Ramalhete et al. Rio de Janeiro, Editora 34, 1995.

ROUDINESCO, Elisabeth & PLON, Michel. *Dicionário de Psicanálise*. Trad. de Vera Ribeiro e Lucy Magalhães. Rio de Janeiro, Jorge Zahar, 1998.

SEVCENKO, Nicolau. "No Princípio era o Ritmo: As Raízes Xamânicas da Narrativa". *In*: RIEDEL, Dirce Côrtes (org.). *Narrativa: Ficção e História*. Rio de Janeiro, Imago, 1988.

VERNANT, Jean-Pierre. *A Morte nos Olhos: Figuração do Outro na Grécia Antiga (Ártemis e Gorgó)*. 2. ed. Trad. de Clóvis Marques. Rio de Janeiro, Jorge Zahar, 1991.

VERNANT, Jean-Pierre & NAQUET, Pierre Vidal. *Mito e Tragédia na Grécia Antiga*. São Paulo, Brasiliense, 1988.

VIEIRA, Marcus André. *A Ética da Paixão: Uma Teoria Psicanalítica do Afeto*. Rio de Janeiro, Jorge Zahar, 2001.

Coleção Estudos Literários

———◆———

1. *Clarice Lispector. Uma Poética do Olhar*
   Regina Lúcia Pontieri
2. *A Caminho do Encontro. Uma Leitura de* Contos Novos
   Ivone Daré Rabello
3. *Romance de Formação em Perspectiva Histórica.*
   O Tambor de Lata *de G. Grass*
   Marcus Vinicius Mazzari
4. *Roteiro para um Narrador. Uma Leitura dos Contos de Rubem Fonseca*
   Ariovaldo José Vidal
5. *Proust, Poeta e Psicanalista*
   Philippe Willemart
6. *Bovarismo e Romance:* Madame Bovary *e* Lady Oracle
   Andrea Saad Hossne
7. *O Poema: Leitores e Leituras*
   Viviana Bosi et al. (orgs.)
8. *A Coreografia do Desejo. Cem Anos de Ficção Brasileira*
   Maria Angélica Guimarães Lopes
9. Serafim Ponte Grande *e as Dificuldades da Crítica Literária*
   Pascoal Farinaccio
10. *Ficções: Leitores e Leituras*
    Viviana Bosi et al. (orgs.)
11. *Samuel Beckett: O Silêncio Possível*
    Fábio de Souza Andrade
12. *A Educação Sentimental em Proust*
    Philippe Willemart
13. *João Guimarães Rosa e a Saudade*
    Susana Kampff Lages
14. *A Jornada e a Clausura*
    Raquel de Almeida Prado
15. *De Vôos e Ilhas*
    Benjamin Abdala Junior
16. *A Ficção da Escrita*
    Claudia Amigo Pino
17. *Portos Flutuantes*
    Benjamin Abdala Junior et al. (orgs.)
18. *Percursos pela África e por Macau*
    Benilde Justo Caniato
19. *O Leitor Segundo G. H.*
    Emília Amaral

Título	O Leitor Segundo G. H.
Autora	Emília Amaral
Produção Editorial	Aline Sato
Revisão	Cristina Marques
Capa	Aline Sato
Ilustração da Capa	Henrique Xavier
Editoração Eletrônica	Amanda E. de Almeida
Formato	12,5 x 20,5 cm
Tipologia	Berkeley Book
Papel	Cartão Supremo 250 g/m² (capa)
	Polén Soft 80 g/m² (miolo)
Número de Páginas	184
Fotolito	Liner Fotolito
Impressão e Acabamento	Lis Gráfica